朝日新書
Asahi Shinsho 688

ひとりメシの極意

東海林さだお

朝日新聞出版

ひとりメシの極意　目次

特別対談

さば味噌煮を味わえる定食屋は高級な世界のような……
高倉健には、なんといってもカツ丼がよく似合う
「向かいの人と目が合う」「視線の交錯問題は大変です」
六畳一間のころから仕事場と家は別
「生活が乱れていたほうがいいんじゃないかと」「無頼派……」

第4章

第5章　郷愁編――懐かしいもの、ヘンなもの大集合　247

第6章　快楽編――ああ！　あれも、これも、ソレも食いたい！　285

帯デザイン／多田　進

特別対談

【前編】メシも、酒も、ひとりが一番！

東海林さだお・太田和彦

〈2018年夏、東京都内の居酒屋で〉

達人ふたりが、たがいに繰り出す酒と食との「こだわり流」小太刀!
「ひとり」をテーマに談論風発、笑いの火花が飛び散るうちに人生の深淵が窺える、かもしれない。
話題はいつしか切実な「人目が気になる」問題に——。

孤高をきわめたければ居酒屋に行け

太田　今、おひとりさま向けの本がいっぱい出てます。女性相手の本も男性相手の本も。「孤独が最高」みたいな。

東海林　なんでこういう時代になってるんですかね。「おひとりさま」という言葉を最初に使ったのは上野千鶴子さんですよね、たしか。

太田　そうでしたか。「おひとりは寂しくないぞ」ということですね。

東海林　「生涯独身」という若い人も増えてきてるんでしょう?　急に「孤独がいい」みたいな風潮になって。

太田　朝刊全三段ぐらいの広告、そんな本ばっかりですね。
東海林　最近特にね。『極上の孤独』とか。付け焼き刃の「孤独」。
太田　付け焼き刃ですよね。「孤独」と「孤高」は違いますから。ひとりよがりの孤高のほうがよろしい。僕が言いたいのはただひとつ。「孤高をきわめたければ居酒屋に行け」。
東海林　居酒屋へ行けるというのは余裕ですよね。
太田　健康でないと行けないし、余裕がないと行けないし。
東海林　ただ、ひとりで居酒屋に入ってひとり酒ってよさそうなんだけれども、実際にやってみるといろいろ問題があるんじゃないか、というところでみんな悩んでると思うんです。太田さんはひとり酒の達人ですけど、本音はどうなんですか。ほんとに楽しいですか？
太田　ほんとに楽しい。これにまさるものはなし。
東海林　いきなり楽しかったですか。
太田　いきなり楽しい。ひとり酒の楽しさを発見したときのことは、ありありと覚えてますね。店も場所も年代も。
東海林　そこに至るまで、けっこう悩んだということはないですか。
太田　悩むというか、僕は会社勤めしてましたので、人と飲むことばっかりでした。会

太田和彦（おおた・かずひこ）
1946年、北京生まれ。長野県出身。作家。東京教育大学卒業後、資生堂宣伝制作室にデザイナーとして入社。89年「アマゾンデザイン」設立。2000～07年、東北芸術工科大学教授。
本業のかたわら、うまい酒と肴を求めて日本全国、津々浦々を巡り、居酒屋や旅の執筆活動を行う「居酒屋の達人」。『ニッポン居酒屋放浪記／立志篇・疾風篇・望郷篇』『居酒屋道楽』（以上、新潮文庫）、『日本の居酒屋——その県民性』（朝日新書）など著書多数。

社の先輩同僚部下とか業者の人とか。それがあるとき、月島（東京・中央区）に用事で行き、古くさい居酒屋、「岸田屋」があったので冷やかし半分でひとりで入って飲んだんです。こんな楽しいことがあるのかと思いました。素晴らしいことを見つけたと。それが〝転落〟の第一歩でした（笑）。

東海林　どういうところが一番よかったですか。みんなで飲むよりも。

太田　ひとりだとしゃべらなくていいし、人の話を聞かなくてもいい。店の人はこちらに関心がない。頼んだ酒も肴も全部自分のもので、酒だけに専念していればいい。そういう天国を知って、人生はガラリと「左」のほうに旋回して（笑）。

東海林　いくつぐらいのときですか。

太田　四十歳にはなっていなかったな。三十代後半ですかね。

東海林　僕の場合は最初から自由業ですから、みんなでガヤガヤ飲むというのはなかったですね。逆にみんなで飲もうとすると大変なんですよ。電話かけて「都合はどう？」とか。四人集めようとすると、四人に電話しなきゃならない。もしかしたら忙しいんじゃないかとか、迷惑じゃないかとか思いながら。

太田　まず誘うという作業が入ってきますね。

東海林　サラリーマンはそのへんがないわけでしょう。「ちょっとどう？」でいいわけだから。それで僕はみんなでガヤガヤという時代はなかったんです。最初からひとり。

太田　年季、入ってますね。

東海林　年季入ってるけど、いまだに慣れない（笑）。つらくないですか。店に入ってからずーっと一言もしゃべらないのは。

太田　二十分も黙ってると店のほうが変な客じゃないかと思い始めるから、そのへんでご主人に声かけて、「変な客じゃないですよ。楽しんでますよ。お金もある程度持ってますよ」とさりげなく伝えて安心させる。

東海林　けっこう大変なんですね。

太田　頃合いってものがありましてね。もう四十年もやっておりますから（笑）。

東海林　知らない店に入ったとしますよね。まず座る席の選定をして、そこに座って注文して……という一連の〝太田方式〟があるんですか。

太田　まず店に入ったら、どこに座ったらいいかなと見て……。

東海林　どこがいいんですか。

太田　末席。トイレの脇とか、入り口のすぐ手前とか、階段の下とか、一番はずれの席。ひとりだからカウンターがいいんだけど、初回からカウンターに座って緊張するのもナンだから、「ここでいいです」と末席に座る。遠慮して。

東海林　そして座って、メニューを見て……。

太田　壁のメニューを見ながら座る（笑）。チラッと見て「この店はこれだな」とすぐわかる。

東海林　壁に短冊が貼ってあるのと、テーブルの上に品書きがあるのと、どっちを見るんですか。

太田　僕は短冊派です。季節のもの、旬のものは必ず短冊のほうにあるでしょう。

東海林　「本日のおすすめ」とか。

太田　そう。「鮎入荷」とか「小肌」「新子」とかあったら、迷わず注文する。

東海林　ここまでを整理すると（笑）、のれんをくぐって店に入ったら、階段の下とか隅っこの席を選ぶ。それから壁の短冊を見回して、いよいよ注文する。

太田　その前におしぼりを持ってくるから、とりあえず「ビール」と。ビールとお通しが来ますから、お通しでビールを飲みながら壁の短冊を見回し、最初はあれ、次はあれ、三番目はあれ、四番目はあれ、余裕があったら五番目にあれと、五番目ぐらいまでの全体計画を立てる。

東海林　それは大変だ（笑）。

盛り合わせを頼むのはいさぎよしとしない

太田　それが決まったところで、声を出さずに店員さんを呼ぶ。「おーい」と手をあげるのは田舎者だから、何となく視線が合うのを待つ。

東海林　じっと待ってる？

太田　眼力というのがあって、向こうを向いてる人でも、じっと見てると視線を感じてこっちを向きます。その瞬間にこう（人さし指を曲げて「こっち」と手招きする）。そして

「手取川お燗と刺身」。

東海林　いっぺんに四つ言わないで、まず刺身。

太田　僕の不動の注文は刺身。盛り合わせもあるけど、盛り合わせを頼むのはいさぎよしとしない。自分で選んで決める。

東海林　刺身の盛り合わせはダメ？

太田　盛り合わせは素人。すべて自分が決めるということを放棄して「おまかせ」になるから、じっくり選んで三品にしぼる。白身、赤身、貝。これがいいんです。

東海林　いきなり天ぷら盛り合わせなんか最低の選択？

太田　いきなり天ぷら盛り合わせは、いかがなものですかね。盛り合わせはできるだけ選んでいただきたくない。

東海林　盛り合わせは下等な選択。

太田　下等とは言わないが、主体性がない。

東海林　人間的にもダメなんだ。

太田　クリエーティブな人じゃないです。「自分の頭で考えろよ」と言いたい。

東海林　日本酒の選び方は？

太田　日本酒もまた大変で、メニューにある日本酒じゃ肴に合わないなと思ったら、店の人に「ほかにもあるよね」と言って、あれば何種類か持ってきてもらう（「すみません」と店に声をかけ持ってきてもらう）。その中から例えばこれ「群馬の『水芭蕉』をお燗で」と。

東海林　一合大体六百円ぐらい？

太田　六百円は悲しいな。まあ八百円ですね。

東海林　なるほど。日本酒は相当知識をお持ちなんでしょう？

太田　お持ちです（笑）。酒の銘柄は。

東海林　味も覚えてるわけ？

太田　おぼろげに出てきますね。自動車が好きな人は車の名前いっぱい知ってますね。僕はぜんぜんわからないんだけど、ポルシェの何年のナントカとか。それと同じようなものかな。味が思い浮かべば、「きょうはこれにしよう」というのができるわけですね。

東海林　何種類ぐらい覚えてるんですか。銘柄と味と。

太田　基本二百。

東海林　えっ、二百種類？

太田　二百は基本ですね。

東海林　すごいね。

太田　それと居酒屋のひとり酒は、ほかの客と視線を合わさないのが大事なマナーですね。

東海林　そうなんですか。コの字のカウンターが多いから、合いますよね、ときどき。

太田　視線を合わせちゃいけません。ひとりでこんなことをしているのを見られたくないというのが暗黙の基本。

東海林　太田さんでもそういうところある？

太田　いや、見られたことによる半分の連帯感もある。「互いに無視しような」という連帯。ややこしい連帯（笑）。「ねえねえ、どこから来たの？」なんて言うとダメなんですよ。コミュニケーションとっちゃいけない。「コミュニケーションとらないよ、おまえとは」という連帯感が生じる。

東海林　うん、わかる。

太田　しかしたまに、何となく気ごころの合いそうな人がいて、話はしないんだけど、「こうやって居酒屋にひとりで来るって、いいやつだな」と思いながら、軽くアイコンタクトなんかして、「興が乗ったら話をしてもいいな」と思ってると、「ごめ〜ん」とか言っていい女があらわれる。勝ち誇った向こうの目つき（笑）。

東海林　勝ち誇ってはないと思うよ。

太田　勝ち誇っているに違いないと思っているこちらの貧しさ。急に大声で「もう一本！」とか言って（笑）。

「みんなが俺をどう見てるか」問題

東海林　ひとりで居酒屋で飲んでて、僕が一つだけ気になるのは、「みんなが俺をどう見てるか」っていうこと。「みんなガヤガヤ飲んでる中で、たったひとりで飲んでる俺をみんなはどう見てるのか」……。

太田　どう見てると感じてますか。

東海林　「ああ、お友だちがいない人なんだな。性格悪いんだな」と思ってるんじゃないか（笑）。ふつう、居酒屋は二人か三人か四人かで楽しそうに飲んでるわけじゃないですか。みんなお友だちがいるんですよ。

太田　東海林さん、ケータイお持ちですか。

東海林　ケータイ持ってないの。

太田　僕も持ってないんです。だから見るものがない。

東海林　手帳を出して見たりして、ときどきわざわざうなずいたりして演技してるの。顔しかめて「あ、まずいな」という表情したり（笑）。

太田　誰も見てないのに。

東海林　実はね（笑）。でも、間《ま》がもつんですよ。ひとり酒でまず思うのはそれ。誰も見てないのに、自分はどう思われてるんだろうって。どうしたらいいんでしょう。

太田　どうもしなくていいですよ。「品書き」という最高のものがあるじゃないですか。

東海林　でも、一通り見たら終わりでしょう。いつまでも見てないですよ。三十秒もあれば見終わっちゃう。

太田　いやいや、僕は「品書き」だけで一時間飲めますな。「第二力《ちから》酒蔵」（東京・中野区）なんて、あっち見なきゃ、こっち見なきゃで首が痛くなっちゃう。あそこは壁一面短冊だから。

東海林　「第二力酒蔵」はテレビがありますよね。あれで助かる。「俺は今テレビ見てんだかんな」って言い訳ができる（笑）。

太田　音は消してますけどね。

東海林　二人で居酒屋に行って、日本酒だとお酌とかするじゃないですか。あれがイヤですね。

太田　あれがいいじゃないですか。

東海林　ああそう？　してもらうの？

太田　してもらうし、するし。僕、ひとり酒派なんだけれども、女性が相手のふたり酒は大歓迎です。

東海林　女性？　女性なんて言ってないよ。男の話をしてるんですよ。

太田　男と行くと、僕は相手のことは何も考えず、「刺身はあれとあれ。酒はこれ」と自分のものだけ注文して、来ると手酌で始める。

東海林　注ぐ人がいるじゃない、男だと。

太田　「いらない。手酌」って。「おいしそうな刺身ですね。ちょっと一切れ」と言われても「あげない。自分で頼め」と断る。分けるのが嫌いなの。男には親切にしない。女性は別ですよ。「君、どれがいい？」とか言って。

東海林　なんでそんなに違うの？

太田　男に親切にしても、何の見返りもないじゃないですか。

東海林　女は？

太田　見返りを期待してるに決まってるじゃないですか（笑）。

東海林　なんか不純だなあ。太田さんのは酒の道に反してるよ。ぜんぜん別の話ですよ、女の人と二人でというのは。非常に不愉快だな（笑）。

太田　どうも失礼いたしました（笑）。

東海林　居酒屋で女の人のひとり酒っている？　僕、見たことないけど。

太田　最近いますよ。丸の内とか霞が関あたり。ちょっと離れた大塚の「江戸一」には、黒いスーツを着たいかにもキャリアウーマンらしき女性が一人で来て、「こっちいらっしゃい」って言われてる。

東海林　「こっちいらっしゃい」って何？

太田　女将《おかみ》さんが。

東海林　ああ、女将さんね。

太田　僕じゃないですよ。

東海林　どうも変だなと思った（笑）。

太田　女将さんは女性のひとり客を大事にしますからね。その女性がすーっとお酒を飲んでるのを見ると、ああ、いいなあと思いますね。霞が関のセクハラ上司から逃れてきたんだな、と勝手に想像して（笑）。

「フランス人的な個人主義」
「みんな憧れてはいるんですよ」

太田　僕は東海林さんにはとてもお世話になっていて、ずいぶん昔、毎日新聞の「この三冊」という書評に、なんと僕の『東京の居酒屋』を三冊の一つに取り上げていただきました。そのあとも、僕のつたない文庫本のカバー絵や、解説をお願いしたりして、ほんとに恩人というか、感謝してるんです。

東海林　あの本、今でも大事に持ってます。居酒屋の全メニューが書いてあって、あれがいいですよね。画期的ですよ。

太田　僕の文章じゃなくて全メニューを入れたから売れたんです（笑）。あの東海林さんがこんな本を見てくれたんだと舞い上がる気持ちでした。もうなくなった店も、今は出してないメニューもありますが、ある意味では記録的価値になったかと。

東海林　なっています。類書がないしね。あれは歴史に残る名著ですよ。

太田　「歴史に残る名著」なんて、うれしいなあ。

東海林　ところで太田さんは、立ち飲み屋はどうですか。ひとり立ち飲み。

太田　立ち飲み屋は一番孤独感が強いかな。

東海林　かもしれないね。立ち飲み屋も、知らない人とは話をしないですね。

太田　しないです。立ち食いそばと同じで。

東海林　幅の狭いテーブルで向き合っちゃうときがあるでしょう。ひとりで三品も四品もとると、テーブルを占拠しちゃう。あれは恥ずかしい。立ち飲み屋は二品まで。

太田　名言。そのとおり。居酒屋もそうだけど、酒のほかに置くのは二品まで。メインとサブ。お刺身と枝豆とか。

東海林　テリトリーがあるからね。

太田　一尺（約三十センチ）ですな。

東海林　相手が三品も四品も並べてこっちの領域に皿を押し出してくると、すごく悔しい。

太田　そういうときは食べちゃったらいい。

東海林　怒られるよ、それは（笑）。立ち飲み屋は、いいけど疲れる。途中で座りたくなる。

太田　思うに、ひとり酒、ひとりメシは個人主義でしょう。フランス人的な個人主義だから、僕は最高なことだと自認してるんです。どう見てられようが。

東海林　みんな憧れてはいるんですよ。悠々とやりたい。だけど、これが難しい。世間はどう見てるか（笑）。

太田　今は七十代以上が多くて、家にいても粗大ごみ扱いで「どこか行っててくださいよ」。ひとりで行くところは居酒屋しかない。それができるのは大事だと思うんです。

東海林　大事ですよ。みんなの憧れの的でもあるし、それの理想像をつくれるといいですよね。「あの人、ひとりで飲んでるけど、堂々として風格があるな」とか。

太田　堂々と風格がある人は、どう飲んでますか。

東海林　動かないでじっとしてる。動きが少ない。ちょこまか動く人はたいてい小人物で、殿様は動かないんです。悠々と、堂々と。

太田　センセイ、注文はどうしたらよろしいでしょうか。

東海林　壁をキョロキョロというのは、あんまりよくないな。手元のメニューをじっくりと。裏も返して。裏がない場合はすぐ戻さずに、ゆっくり戻す。あわてて戻しちゃいけない（笑）。メニューを見ながらときどきうなずく。ふむふむ、よしよし、と。どっしりしてないとね。

太田　「どっしり」と聞いて、いま急に足を開きました（笑）。

東海林　足は開いたほうがいいね（笑）。

太田　そして、料理を決めたらどうしますか。

東海林　「とりあえずビール」という言い方はよくないな。ビールでなければ、という雰囲気を出さなきゃいけない。「とりあえず」はやめて、一言「ビール」。重々しく。

太田　（手をあげて）「すいませ〜ん、ビール」はダメ？

東海林　ダメダメ。動いちゃダメ。

太田　店員さんが来たときに言えばいいんだ。

東海林　べつにあわてることはない。来なきゃ来ないで何時間でも待つ（笑）。殿様なんだから。

太田　肴の注文は「刺身」でいいわけですか。

東海林　「白身」。

太田　カッコいい。何でも単語なんですね。「ビール」「白身」。

東海林　そう。動詞とか助詞はなし。名詞。体言止め（笑）。そして堂々として待つ。

太田　二本目の酒を追加注文するときは？

東海林　これは難しい。呼び寄せないといけないから。「おーい」はよくないしね。

太田　「すいません」なんて謝ることはないし。

東海林　殿様だからね。「殿様路線」というのがいいんじゃない？　あごで使う。

太田　空《から》の徳利の首を持ってこうやって（横に振る）注文するのは？

東海林　小者だなあ（笑）。なんか物乞いのような感じがする。徳利は左右の動きはダメ。上下じゃないと。

太田　徳利を転がしておくのもダメ？

東海林　そういう余計な動きはダメ。居酒屋で何か行動を起こそうとしたら、殿様だったらどうするかを考える。

太田　なるほど。その人の育ち、教養、すべてがあらわれるわけですね。そうやって四十分もやってると、店のほうも認めてきて、「あの人はどこか違う。偉い人なんじゃないか。ああいう人が来てくれると、うちの店も格が上がって緊張感も出てくる」……。

東海林　と、向こうが察してくれる。なかなか通用しないけどね（笑）。

殿さまなら「おつりはいらんよ」と

太田　殿様としてあまり深酒はいけませんね。切り上げをよくしないと。お勘定のときはどうしますか。お金を払うときは人柄が出ますから。

東海林　カードが理想だけど……。

太田　居酒屋でカードなんか使えないですよ。現金で払ってほしいですね。

東海林　いちおうカードを出して、「わしはいつもカードだが」と。

太田　「わし」？　なんだかニセモノくさいな（笑）。カードはやめましょうよ。現金できれいにパッと払いましょう。

東海林　伝票を見たりはしない。伝票無視。財布を出して「いくらかね」。

太田　「六千五百円でございます」。

東海林　「うむ」と言って一万円札を出す。こまかいのを持っていてもね。そして「おつりはいらんよ」と。

太田　九千六百円だったら「つりはいらん」でいいけど、六千五百円だったらおつりをもらいたいですよ（笑）。

東海林　いや、店も困るんだよね。迷惑なんだ。「つりはいらんよ」と言われても。だから言うだけ（笑）。必ずおつりくれるから、「そうかね」と言ってもらう。

太田　めんどくさい客だね（笑）。

東海林　そのぐらい難しいことなんですよ、居酒屋でひとりで飲むというのは。

太田　居酒屋は男が磨かれる場所。

東海林　そう。だから簡単に「ひとり居酒屋」が手に入れられるものではない。

太田　まして殿様の風格を維持しようと思えば、急にやろうと思ったって、板についてないからダメ。まだまだ修業だな。

東海林　道は遠い。簡単にはきわめられません。

（179ページの後編につづく）

第1章　冒険編

――いちばん手っ取り早くできる冒険が「食」だ

丼一杯おかず無し!!

いよいよ秋。

新米の季節。ゴハンが一年中で一番おいしい秋。

テレビのグルメ番組などに、

「ことしの新米を昔の竈《かまど》で薪を使って炊きあげました」

なんてゴハンが登場する。

それを一口食べた名うてのグルメタレントが、

「うーん、旨い。これだったらおかずなんか要らない」

なんてことを言う。

それはそれで本当の気持ちを言ったのだろうが、

「じゃあ、いまここで、この丼一杯のゴハンをおかず無しで食べてください」

ということになったりすると、タレントは急にうろたえ、

「そのへんのところは、まあ、大人の話をしようじゃありませんか」

というようなことになっていくわけです。

そこでです。

ぼくは急に熱《いき》り立ってしまったのです。

「本当に丼一杯のゴハンをおかず無しで食べてやろうじゃないの」

バカなことに熱り立ち、それを本当に実行してしまうところがこのヒトの恐ろしいところです。

どういうふうに実行するのか。

「外食で」というのは不可能だ。レストラン、定食屋、カレー屋、いずれも「ゴハンだけ」の客は確実に追い返される。

自分で炊いて食べるよりほかはない。

近所のスーパーへ行って、ことしの新米「新米　三重県のコシヒカリ　精米日　06年9月2日」というのを買ってくる。2kg　1650円。

久しぶりにお米を研ぐ。

新米なので水を控えめにし、電気釜のスイッチをオン。

待つことしばし、ことしの新米が炊きあがる。

ツヤツヤ、ピカピカ、モーモー（湯気が）。

湯気の中におしゃもじを突っこんでかねて用意の大きめの丼によそう。

おしゃもじ四杯半で丼に山盛り。

ゴハンをおしゃもじでよそうのって、なんだか気恥ずかしいというか、なまめかしいというか、あだっぽいようなところがあって、よそっているうちに、

（あの人のために、こうしてよそっているわたし）

なんてことを思ってしまって、いつのまにか小指が立っている、というようなところがありますね。

では、いきます。

さあ、丼に山盛り一杯のゴハンを、おかず無しで食べることがはたして出来るのか。
テーブルの上にあるのはゴハンを盛った丼とお箸だけ。
荒涼としていて決意を新たにするのにもってこいの風景といえる。
湯気の立つ一口目が、いま、口の中に入りました。

噛んでます、盛んに噛んでます、ずうっと噛んでます、まだ噛んでます、噛むよりほかにないのでひたすら噛んでるようです。

このとき驚いたことが一つあります。

お箸で取りあげた一口分のゴハン、一体あれ、何回ぐらい噛むと思います。

何と、四十回近く噛んでいるのです。

何回やっても四十回。

途中でおかずが参入してくるということがないからずっと噛み続けている。

噛んでいて飲みこもうという気になれず、飽きず、名残惜しく、飲みこむチャンスがなかなかやってこ

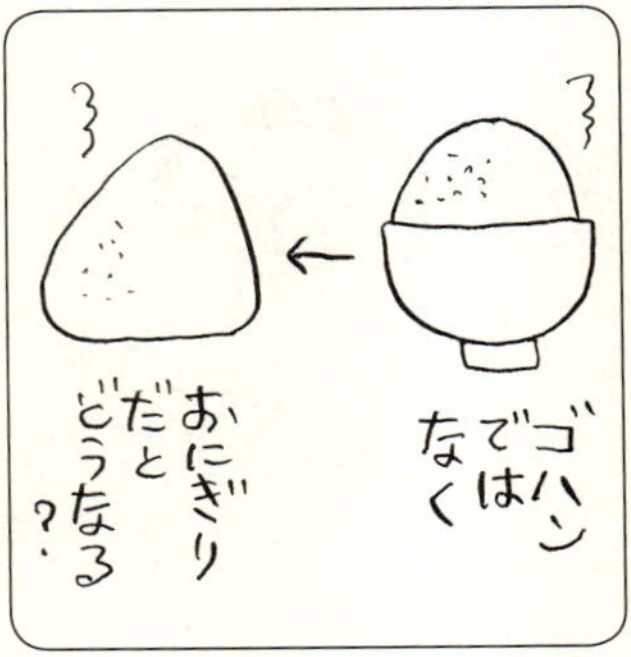

ない。

　このへんで、新米の味や匂いについて何か言わないとまずいな、モグモグと噛んでばかりではいかんな、モグモグ、新米の味、匂い、確かにあります、水に漬かった大地の匂い、稲の茎の匂い、青田を吹き渡る風の匂い、〝黄金色に稔った稲田の上を飛ぶトンボ〟という風景の匂い。

　そんな匂いと米自体の味。

　新米ゆえのゆるやかな粘り。程のよい弾力。

　なんだ、いけるじゃないの、おかず無しでも何の問題もないじゃないの、丼一杯のゴハン軽い、じゃないの、というのが一口目の感想。

　二口目も大体そう。

　四口目、五口目あたりから少しずつ辛《つら》くなってくる。

　このままでもいいんだけど、なーんかこう、なーんか欲しいな、というのが八口目あたり。

　丼一杯のゴハンはおおよそ二十口分ある、ということがあとでわかったのだが、まん中の十口目ぐらいから辛さが身にしみてくる。

なーんか欲しいな、の、なーんかは実物じゃなくてもいいな、たとえば匂いとかサ、ホラ、鰻の蒲焼きの匂いとかサ、よく言うじゃないの、鰻の蒲焼きの匂いだけでゴハン三杯食べられるとかサ。

十二口目。匂いがダメなら〝見るだけ〟でもいいな、たとえば梅干しとかサ、梅干しをじーっと見詰めては大急ぎでゴハンをかっこむとかサ。

十八口目。目に涙を浮かべながら、ひたすらゴハンを噛んでいる。辛い。

二十口目。ついに立ち上がった。

立ち上がって冷蔵庫から明太子を取り出した。

「三粒だけ。三粒しか食べないから許して」

と、誰に許しを乞うのかよくわからないが口に出して言う。

明太子三粒をのせた一口分のゴハン、おいしくて体が震えました。

バター醤油かけごはん讃

食べものについてあーだ、こーだを言うおやじは嫌われる。

まして〝バター醤油かけごはん〟についてあーだ、こーだ言うおやじはもっと嫌われる。

わかってます。

だけどバター醤油かけごはんについてあーだ、こーだ言いたい。

世間では、ラーメンライス、生卵かけごはん、バター醤油かけごはんを三大いいかげんめしとして馬鹿にしている。

三者には共通して貧乏の文字がほの見えるからである。

したがって、食べるほうも、この三者にいいかげんに対処する。

いいかげんに作っていいかげんに食べる。

「え？　わたしのバター醤油かけごはんですか。熱々のごはんを茶わんに盛ってその上にバターの塊をのせ、ぐるぐる掻き回しつつ溶かしていってそこに醤油をかけ、もう一度ぐるぐる掻き回して食べる。こんな感じですかね」

などと言う人は、大滝秀治さんに大声で叱ってもらいましょう。

「つまらん。おまえの作り方はつまらんっ」

この作り方ではバター醤油かけごはんの本当のおいしさは味わえない。ただのバターめしになってしまう。

バターめしとバター醤油かけごはんはどう違うのか。

西荻の巨匠ならどう作るのか。

まず熱々のゴハンを用意する。

それを茶わんに盛る。

ここまでは、さっき大滝さんに大声で叱られた人と同じだ。

熱々というのはこのごはんの必須条件で、熱々のごはんがなければ作らないぐらいの覚悟をしてほしい。

バターはたっぷし。

ちょっぴりとたっぷしではまるでおいしさが違う。

どのぐらいたっぷしかというと、ごはん一膳に少なくとも十五グラム。

ホテルの朝食に出てくる包装されているバターだったら約三個分。

これをごはんの上にのせる人が多いが、この人も大滝さんに大声で叱ってもらいましょう。

ごはんのまん中に垂直の穴を掘ります。

ただしこの穴は、茶わんの底まで到達してはならない。底直前寸止め。

この穴にバターを落としこむ。

落としこんだらごはんでフタをする。そうして五十秒待つ。

つまり穴の中でバターがじわじわと溶けていき、穴周辺にしみこみ、穴の底に少しずつたまっていくわけです。

五十秒経過。フタを開けてみます。

おお、穴の中はごはんがバターでぐずぐず。ごはんがバターにまみれてぴかぴか。ぬるぬる。底のほうのごはんはたまったバターでゆるゆる。うーむ、これはまさにバターの井戸、いや、この湯気の上がりぐあいからいけばバター温泉。

バター醤油かけごはんが
こんなに旨いのなら
バター醤油かけうどん
は どーか?
と
思案して
いる
おじーさん
(やってみたら
あんまり
旨くなかった
です)

立ちのぼるバターの香り。

バターを、フライパンなどの鉄の熱で溶かしたときの匂いとは違うのどかな香り。牧草の匂い。牧場の匂い。

だけどどこかに獣の脂肪を感じる匂い。たぶんこの匂いは、ごはんが呼び起こした匂いなのだと思う。

農耕と牧畜がめぐり会った匂いなのだと思う。

そこんとこへお醤油をたらたら。

ここで実にまたいい匂いが立ちのぼってくるわけです。

生《き》のバターと、生の醤油が出会って、そこに熱

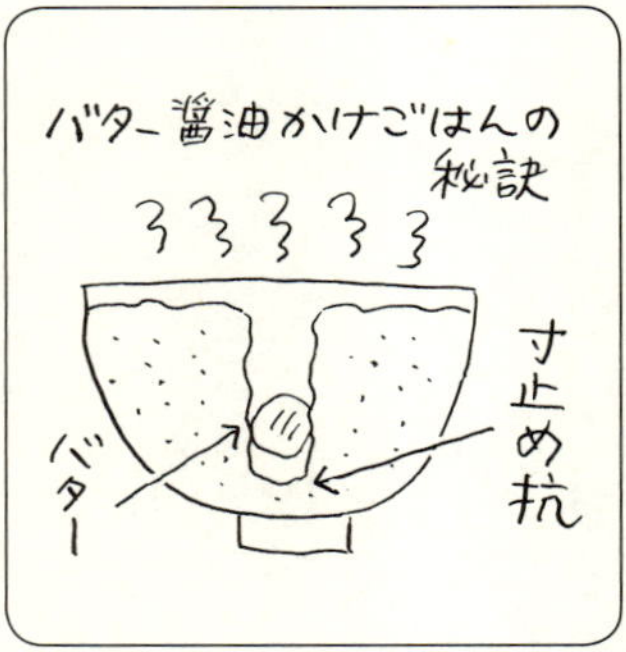

が加わった匂い。

蒸れたごはんの匂いもおずおずと参加して、料理めいたことは一つもしてないのに、茶わんの中はいままさに調理が行われているような雰囲気。

そうしてここが大切なところなのですが、さっきお醬油をたらたらしましたね。そのたらたらのとこだけを箸ですくって食べる。

食べたらまたたらたら。たらたらのとこだけ食べる。

つまり〝その都度食い〟というわけです。

最初にバターとごはんと醬油をいっぺんに掻き回してしまうと、この匂いがどんどん失われていく。

その点こっちは、なにしろ井戸の穴の中の作業なので、いつまでたってもバターが新鮮なのだ。

その都度食いだと、その都度バターまみれの一口、バター少なめの一口、お醬油濃いめの一口、味薄めの一口と、一口一口違う味を楽しむことができる。

そうやって、井戸の壁を少しずつ崩しては食べ、食べては崩していく。

こうして食べていくと、バターにまみれたごはんがこんなにもおいしいものだったのか、と、誰もが改めて思うはずだ。

そうして、バターとごはんの組み合わせだけだったら、と思い、それだったらこの食事は成立せず、ここにお醤油が加わってこそ、この美味は成立するのだ、と、改めて誰もが思うはずだ。

考えてみると、ぼくらの子供のころはバターは大変な贅沢品だった。

バターは高いので、マーガリンを、という時代だった。パンにバターをつけるにしても、ほんの少しのせ、それをうすーくうすーく全域にのばして食べたものだった。

テーブルの上に、ごはんとバターが同時にのるということもなかった。

それなのにいま、こうして、ごはんの上にバターをのせて食べている。

人に隠れてこそこそ食べている。

貧乏系の食事だ、などと言われながら食べている。

あ、そうそう、このバター醤油かけごはんを食べ終わったあと、ただの醤油かけごはんを一口食べてみてください。これがまたさっぱりとして妙に旨い。

まさにデザート。

中華カレーマンを自作する

中華マンにカレーマンていうのがありましたよね。

いや、今でもあるんだけど最近あんまり見かけなくなった。

ピザマンとかカルビマンなどの新種に押され、カレーマンの居場所がなくなってきたのだろうか。

つい先日、そうだ、カレーマン食べたいな、と急に思ってコンビニに出かけて行ったのだが、なかった。

近くのもう一軒のコンビニにも行ったのだが、なかった。

ないとなるといっそう食べたくなるもので、しばし呆然としたあと、すばらしいアイデアを思いついた。

とりあえず肉マンを買う。

それからカレーパンを買った。

さあ、どうすると思います?

まさかヘンなことするんじゃないだろな、と思ったでしょう。

そのとおり、ヘンなことをするんです。

医学的というか、野球的というか、そういうことをするつもりなのです。

和田教授でしたっけ、日本で初の心臓移植をしたのは。

あれに匹敵するようなことをしようとしているのです。

肉マンにカレーパンの具を移植する、という世紀の偉業をなしとげようとしているのです。

まず肉マンの開腹手術をする。

そしてその内臓を取り出す。

次にカレーパンの開腹手術をしてその内臓を取り出す。

肉マンにカレーパンの具を挿入する。

カレーパンに肉マンの具を挿入する。

プロ野球で行われるトレードと言うこともできる。

ただしこのトレードにはイザコザは一切なし、金銭のやりとりもなし。

プロ野球で言えば円満トレード。

不動産取引で言えば等価交換。

考えてみるとこれはかなり大がかりなトレードということになる。

日本のプロ野球選手がアメリカの大リーグに行くときは、日米の二国間の交渉となるが、こっちは日本、インド、中国と、三国がからむわけだ。

そこへ代理人（わたくし）もからむわけだが、たぶんこの交渉はスムーズに行くはずだ。

肉マンとカレーパンをそれぞれ二個ずつ買った。手術が失敗した場合の予備患者として買った。

中華マンは、買いに行くときの歩行速度と、帰途の歩行速度がちがうと言われている。
一般的に帰途の速度は行くときの速度の一・五倍だと言われている。
また、買いに行くときの姿勢と帰りの姿勢もちがうと言われている。
一般的に帰途の姿勢は行くときの姿勢より十五度前傾していると言われている。
いずれも、（なるべく熱いうちに食べたい）という気持ちのなせるわざであるようだ。

わたくしもその〝なせるわざ〟に素直に従いつつ仕事場に戻った。
テーブルの上に両者を並べる。
コンビニから仕事場まで二分弱なのでまだ充分熱い。
開腹手術の傷跡は患者の望まぬところだ。
そこで肉マンの底部の紙をはがし、そこを開腹することにした。
ここなら傷跡が目立たない。
スプーンを挿入して具を掻き出す。
カレーパンのほうも同様にし、互いの具を交換する。

手術は失敗もなく一分足らずで終わった。

執刀医はここで熱いお茶を一杯飲み、手術による気持ちの高まりを鎮めるのだった。

白くてふっくらとして丸くて大きなそのものはゆっくりと湯気をあげている。

どうやら予後は順調のようだ。

手術を施されたとはいえ、そのものはどう見ても肉マンである。

性転換に匹敵するような大手術をしたのに見た目は少しも変わっていない。

元肉マン、現カレーマンを両手で持って口のところへ持っていく。

あ、これはわたくしからのお願いなのですが、中華マンは必ず両手で持って食べてくださいね。

中華マンは片手で持って食べるとおいしさが半減する。

両手で持って食べると倍増する。

両手で口のところへ持っていって口を精一杯大きく開ける。

そして口一杯に頰張る。

あ、これはわたくしからのお願いなのですが、ここで嚙んじゃダメですよ。口一杯に頰張ったまま約三秒間そのままでいる。

温かくてフワフワしたものを口一杯に頰張っている幸せ。

口も唇も心も温かくなっていく幸せ。

唇も心も温まったな、と思ったらゆっくりとそのものを嚙みしめていってください。

そうすると（ここからが不思議なところなのですが）やがて歯は具のところに到達するのだが、その瞬間、アレッ、というか、ナンダコリャ、というか、予期せぬものの存在にびっくりする。

肉マンの具のはずだろーが、と思う。肉マンの具のはずなのにカレーの味がする。

この違和感が三口目ぐらいまで続く。この違和感がおいしい。

そしてこれは副産物なのだが、〝肉マンの具のカレーパン〟がすばらしくおいしい。

ぜひ一度おためしください。

と言っても誰もためさないだろうけどね。

復讐の蕎麦入りうどん

ことしの夏は暑かった。

来る日も来る日も暑いと、人はだんだん不機嫌になっていく。

ムシャクシャして何か仕返しをしたくなる。

何か仕出かしてやりたい、という気持ちになる。

世間に迷惑をかけて腹いせをしたい。

どういう迷惑がいいか。

「蕎麦屋に行って、かけうどんとかけ蕎麦をいっぺんに注文していっぺんに食ってやる」

ということを思いついてしまった。

蕎麦屋で「かけうどんと天ぷら蕎麦」を注文する人はいるだろう。

「かけ蕎麦と盛り蕎麦」の人もいるにちがいない。

だが「かけうどんとかけ蕎麦」は意外な落とし穴なのだ。

日本の蕎麦屋の注文史上初の組み合わせとまでは言わないが、百九十二番ぐらいにはな

るのではないか。

実際に訊いたわけではないが、老舗《しにせ》の蕎麦屋のベテラン店員のオバチャンに訊けば、

「わたしはこの道ひと筋四十年になりますが、そういう注文をしたお客さんはこれまで一人もいません」

と答えるにちがいない。

したがってオバチャンは、実際にそういう注文を受けたらショックを受けるにちがいない。

その伝票をオバチャンから受けとった厨房も騒然と

なるにちがいない。

　ぼくの「かけうどんとかけ蕎麦」という注文の声を耳にしたその周辺の客は、驚いて丼をかかえたまま中腰になって立ち上がるにちがいない。

「かけうどんとかけ蕎麦」の注文は、充分に世間を騒がしたことになり、ぼくの目的は達成されたことになるのだ。

　これほどの大事は、近所の店で実行するのはためらわれる。

　一駅隣の吉祥寺へ行った。

目指すは、駅の近くの昔ながらの、天丼親子丼もあるというかなり大きな店だ。

かけうどんとかけ蕎麦の注文は、ぼく自身にとっても大きな冒険である。

両者とも、蕎麦屋の最低価格のメニューである。

こういう注文をする客を、店の人はどう見るか。

富豪と見る人は少ないと思う。

だが価格的にみると、かけうどんかけ蕎麦ともに五百円とすると両方で千円、八百円の天ぷら蕎麦の人に優に勝っているのだ。

　どうもなんだかヘンな注文をする人、あやしい人、もしかしたらあとで暴れるかもしれない人として警戒されることになるかもしれないのだ。

店に入る。

午後二時、店内に客十一名。

壁ぎわのテーブルにすわる。

メガネをかけたがっちりした体格のオバチャン来る。

　ぼく言う。

「かけうどんとかけ蕎麦」

オバチャンのボールペンの先がピクリと動いたあと一瞬止まったが、

「おひとつずつですね」

と落ちついて言い、伝票のかけうどんとかけ蕎麦の欄にナナメの線をチャッチャッと引き、ピッと一枚破ってテーブルの上に置いて立ち去った。

あまり物事に動じないオバチャンなのであった。

それがぼくの不幸なのであった。

厨房内部に動揺が走った様子もなかった。

なぜかというと、「かけうどんとかけ蕎麦」と声で伝えたので、その注文の主が一人だということが伝わらなかったのである。

ぼくとしては、「かけうどんとかけ蕎麦。一人で」と伝えて欲しかったのだ。

ただ、ぼくが注文したとき、ぼくの右前方のテーブルにすわっていた空色のブラウスを着た、年のころ四十五、六のご婦人の肩がピクリと動き、ふり向く気配を見せたのち思いとどまったのをぼくは見逃さなかった。

かけうどんとかけ蕎麦来る。

両方共、同じ柄の丼に入っていて盛んに湯気を上げている。七味をポイポイ。

さて、どういうふうに食べたものか。

蕎麦のほうが伸びるのが早い、と思い、蕎麦のほうから食べ始めた。

一口、二口とすすっているうちに、蕎麦を片づけてからうどん、ということにこだわることはないのではないか、両方を交互に食べてもいいのではないか、と思いついた。

そこでうどんもズルズル。

そうやって食べているうちに、一つのリズムになっていくのがわかった。

なんかこう、うどんが主食で蕎麦がおかず、というリズムである。

そのリズムが出来るとなんだかとても快調だ。

かけうどんとかけ蕎麦をいっしょに食べているという気がしない。

あたり前の、正しい食事のように思えてくる。

そのとき、ふと前方を見ると、さっきの空色婦人が、化粧直しをするふりをして、コンパクトでじっとこちらを窺っているのだった。

ぼくとしては満足であった。

多少は世間を騒がしているのだな、と思った。

うどんと蕎麦を交互に食べているうちに、さらにいい方法を思いついた。うどんと蕎麦を混ぜて食べる、という方法である。

うどんの丼に蕎麦をドサドサとあける。

空色婦人のコンパクトがピクリと動いた。

きっと、目が皿になっているにちがいない。

シラスおろしの法則

大根をおろして大根おろしを丼に山盛り一杯つくる。

いいですか、丼に山盛り一杯ですよ。

シラス干しを二パック買ってくる。

スーパーなどのシラス干しは、大きいパックと小さいパックがあるが大パックのほう。

いいですか、大パックを二ですよ。

あとお醤油。

これからシラスおろしを作ろうというわけです。

しかも大量に作ろうとしています。

なにしろ丼に山盛り一杯と、大パック二ですからね。

ぼくはこれまでずっとシラスおろしに不満を持っていた。量が少ない、という不満を持っていた。

ぼくはシラスおろしが好きなので、居酒屋で飲むときはあれこれ注文したあと、

「と、シラスおろし」

と、シラスおろしのための「と」を常に用意している。

居酒屋のシラスおろしは、どの店も小鉢で出てくる。丼で出てくることはない。せいぜい、直径十センチ足らずの小鉢にちょびっと。

小鉢の中にティースプーンほどのサジ三杯ほどの大根おろしが入っていて、その上にサジ一杯弱ぐらいのシラスがのっかっているわけだが、あれで何匹ぐらいのっかっているのだろうか。

数えたことはないが、たぶん四、五十匹といったところだろうか。

いずれにしても、大根おろしもシラスもちょびっと。

そのちょびっとのシラスおろしを箸でつまみながら、ぼくはいつも、いつの日か、シラスおろしを大量に食べてみたい、腹一杯食べてみたい、シラスおろしでお腹を一杯にしてみたい、とまではいかないが、ま、それに似たような気持ちを持っていた。

その夢を、今宵実現しようとしているところなのだ。

テーブルの上には日本酒の一升ビン、丼に山盛りの大根おろし、シラス干し（大）二パックがのっている。

シラスおろしをさかなに日本酒で一杯の宵、というようなことになりました。

とりあえず、日本酒を冷やで一口。

いよいよシラスおろし。

丼に山盛りの大根おろしの上にシラス干しをのせたのではあまりに風情がない。

ここはやはり居酒屋の法則にしたがって、小鉢に小分けでいくことにする。

丼から大根おろしをサジですくって三杯、もう一杯かな、なんていいながらもう一杯で都合四杯。

その大根おろしの白い山の上に、

「このぐらいかな」

なんていいながらシラス干しを指でつまんでのせる。

白い大根おろしの上に白いシラス干し。

透明系の白の上に不透明系の白。

その白と白のあいまあいまにシラスの目の黒が点、点、点。

それらの上からお醤油を一たらし、ふたたらし、もう一たらし。

白と白の山のてっぺんから、醤油の赤が下のほうに少しずつ滲《にじ》んでいって薄くなって消えていく。

赤富士、とまではいかないがなかなかいい眺め。

シラスおろしは、この赤の滲み具合が好ましい。

てっぺんのあたりを箸でちょっとかき混ぜて一口。

大根おろしとシラス干しと醤油の混然一体はなかなかいいが、全体に対するシラス干しの量が少し足りないような気がする。

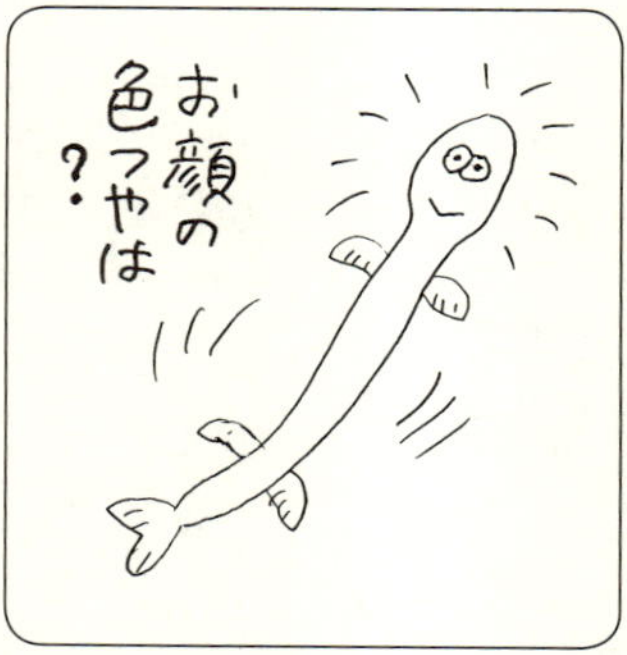

これでいいといえばいいのだが、これにシラス干しをもうちょっと足すともっとおいしくなるような気がする。

足してみるか。

足してみる。

ウーン、これだとシラス干しの量多すぎたかもしれない。

全体の味も薄くなっている。

醤油で調整してみるか。

調整してみる。

ウーン、なんかこう、やはり、あれだな、もうひとつ、こう……。

シラスおろしは、シラス干し自身にも塩気があるので、その塩気を大根おろしで弱め、その弱まった分を今度は醤油で調整するわけだから、全体のバランスがまことに微妙。

ああでもない、こうでもないと、いろいろやっているうちに一杯目終了。

二杯目。

二杯目などと、シラスおろしはそういう単位で食べるものなのだろうか。

シラスおろしのお代わり、なんてこと、普通やりません。

二杯目はすべてに慎重になった。

それぞれの適量、ということばかり考えるようになった。

それぞれの適量は何杯か、何匹か、何滴か。

以前、老舗のお蕎麦屋さんの主人たちが集まって、蕎麦打ちの苦心談を語り合う座談会を読んだことがある。

蕎麦打ちの微妙さには大変なものがあるらしい。

その日の温度、湿度によって加える水の量が変わるわけだが、そればかりでなく、気圧、気圧配置、オホーツクからの前線の張り出し具合まで気を配るという。

シラスおろしだって負けてはいられません。

大根の水分の抜き具合、シラスの乾き具合、腰の曲がり具合、お肌の色つや、生活態度まで頭に入れて取り組んでいるのだが、いまだ結論は出ていません。

結局、一口一口の、そのときそのときの味がシラスおろしの味、というものかもしれません。

焼きそばにちょい足し

いまは何でも「ちょい」の時代。

何をするにも「ちょい」。

ちょい飲み、ちょい食べ、ちょい遊び、ちょい旅行、ちょい結婚なんてのもある。

ちょいの反意語は「うんと」。

うんと飲み、うんと食い、うんと旅行、うんと結婚……うんと結婚てどういう結婚なのかな。

この、ちょい流行《ばや》りの中のちょい飲みがいま大流行《はや》りにはやっている。

会社の帰りにちょっと飲んでサッと帰る。お会計は一〇〇〇円あたりが目安。

これまで酔客無用だったファミレスまでもが、いまはそういう客用のメニューを用意するようになった。

このちょい飲みが家庭にまで及んでいる。家飲みでもちょい飲みですませる。缶ビールだったら1本か2本まで。

おつまみも当然ちょい飲み向きのものになる。

一品でいい。

一品でもいいが、そこんとこに何かちょい足しがあるといいな、と誰もが思う。

一品にちょい足し。

たとえば……と書いて、ここでまさにこれという一品が頭にひらめいたのである。

ペヤングソースやきそばである。

いま時あたかも異物混入事件による謹慎あけ。

特にペヤングでなくても

いいが、そのたぐいのインスタントソース焼きそばこそ、ちょい飲みのつまみとして最適ではないか。

その理由をこれから書く。

え？　ちょい飲みのつまみにソース焼きそば？　わしゃ納得がいかん、という人が納得するように書く。

ネットをのぞいてみましょう。

ネットで「ペヤングソースやきそば」を調べると「ペヤングちょい足し」という項目が出てくる。

この項目がとても賑やかで、いろんな人が「こういうものをちょい足ししたらどうか」とか、「いや、むしろこれはどうか」と百家争鳴となっている。

一つ一つ読んでみると、ナルホド、これだったらビールのつまみにピッタリだな、と思うものばかり。

もともと焼きそばはビールのつまみに最適なのだが、そこんところに更にビールのつまみに最適と思うものを混ぜこむわけだから、大喜びで手の舞い足の踏むところを知らずという状態となる。

どういうものが挙がっているか。

ご多分にもれず、まずマヨネーズ。

チーズ、パセリ、ポテトチップ、天かす、魚肉ソーセージ、目玉焼き、納豆、缶詰のコーン、サバ缶、ツナ缶などなど。

ネットに投稿するのは若い人が多いから増量系のものも多い。

だが、こっちはオッサン系の人物であるから増量は望まない。

　軽量系を望む。

　ヨーシ、と立ちあがった。

「オッサンが選ぶ焼きそばちょい足し十傑！」（十傑というところが古いな）、これでいこう、これを買いにいこう。

　スーパーに行ってから、あれこれ迷うといけないから、ある程度の制約を設けておこう。

「焼きそばちょい足し十戒」

その１　混ぜるだけで煮炊きを禁ず。

その２　レンジでチンも禁ず。

その３　厨房に入るを禁ず（その場で混ぜるだけ）。

その4　包丁の使用を禁ず。

とりあえず、一傑と四戒しか思いつかぬままスーパーに行く。

ふだんスーパーに行くとき、何を買うかは漠然としているが、今回はインスタント焼きそばのちょい足し物だけ。きっぱり。楽しーなー。ちょい楽《たの》だなー。

かっぱえびせん発見！

思わず「ドーダ！」と叫ぶ。

この「ドーダ」は、自分の手柄を称讃する自分への「ドーダ」である。

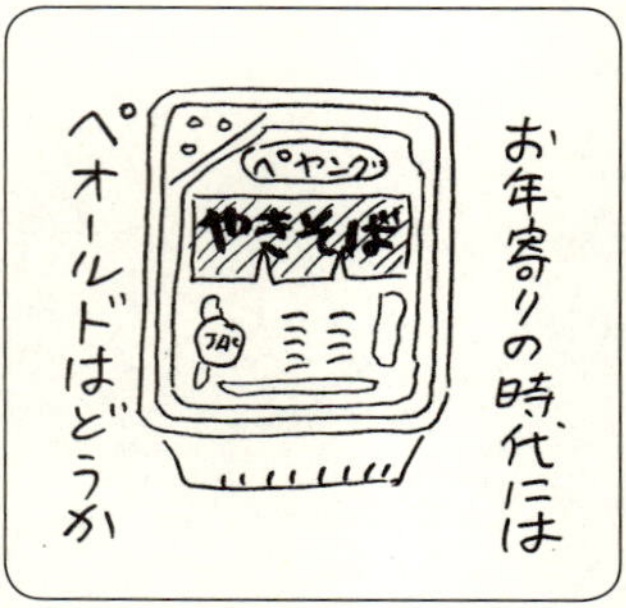

だって、焼きそばにちょい足しするものとして、これ以上ぴったりの物はないではないですか。
だって、焼きそばの中のえびせんを、箸でこう、つまみあげますね、そうすると、えびせんに焼きそばが、こう、からみついているんですよ、からみついてたれさがってるんですよ、それをいっぺんに、同時に、口の中に入れるんですよ、かっぱえびせんといえばビールのつまみの覇王、焼きそばも覇王、民衆の一人でありながら、覇王にからみついてた

れさがっているもう一人の覇王を同時に口の中にお迎えするこの喜び。

かっぱえびせんが焼きそばに合う理由はまだある。

それは歯ざわりである。焼きそばは食べていて終始やわらかい。

だから焼きそばを食べている人はそのやわらかさに油断している。

そこんところへ突如、カリッという歯ざわり。

これは何だ？　と思った次の瞬間、それはかっぱえびせんだとわかり、こんなところでかっぱえびせんに出会うとは、と何だか嬉しく、思わず顔がほころぶ。

かっぱえびせんは塩味が主体。

ソース焼きそばもどっちかというとしょっぱ系。

このしょっぱ系二人組を心ゆくまで味わった跡地に、このあと何が流れこんでくるのでしょうか。

そうです、つめーたく冷えたビールが泡立ちながら、ホップの香りを口いっぱいに漂わせながら、ノドをゴクゴクいわせながら、怒濤のように通りすぎていくのです。

このときの陶酔、このときのプハー、このあとの瞑目、そのあとの突っ伏し、思うだにその感動はいかばかりであろうか。

そうだな、と誰もが共感してくれるにちがいない。

オイルサーディン丼完成す

いま牛丼業界は、牛丼に替わる新丼の開発に腐心していると伝え聞く。

牛丼の再興を願うファンの一人として、この開発に何とか協力したい。

素人ながら新丼を考案し、それが再興の一助となればこんな嬉しいことはない。

牛丼に替わるものは、いまのところ豚丼ということになっているらしいが、豚だってこれから先どうなるかわからない。

これだけ家畜の疾患が蔓延してくると、豚の先行きも心もとない。

そうなってくると、あとは魚に頼るほかはない。

魚の丼。

魚の丼といえば天丼ということになるが、牛丼店には揚げ物の設備がない。

鯖の味噌煮丼。

うーん、なんだかなあ、むさ苦しいなあ。むさ苦丼だなあ。

オイルサーディン丼。

おおっ、なんかこう急に垢抜けてきたじゃないか。

実を言うと、かつてオイルサーディンを食べていて、これで丼ができないか、と考えたことがあった。

なんだかできそうだぞ、と思ってそのままになっていたのだ。

うん、いいかしんない。

それにオイルサーディンの味つけは塩のみだ。

そうだ、塩丼というのはどうか。

塩のみの味つけの塩丼。

これまでの丼物といえば、

必ずどこかに醤油がからんでいる。

天丼もかつ丼も鰻丼も、醤油と砂糖の甘からの味つけということになっており、マグロの鉄火丼に至っては醤油そのものだ。

本邦初の塩丼。

そうだ、特許を取っておかなくちゃ。

誰も考えつかなかった塩丼としてのオイルサーディン丼を、全国の吉野家で発売する。

塩丼が一杯売れるたびに、発明者のところに二百億円が入ってくるのだ。

そうだ、塩丼のCMタレントは塩爺がいい。

二百億円に目がくらんで、それからオイルサーディン丼の完成を目ざす毎日となった。

とりあえずオイルサーディン缶を十缶ほど買ってきて、開けてはゴハンの上にのせ、あれこれ具を選び、それぞれを試食し、ときに頷き、ときに嘆き、そうやって三七、二十一日目、ついにオイルサーディン丼が完成したのである。

オイルサーディン丼では長すぎるので、以下オイ丼と記すことにする。

オイ丼には問題点が二つあった。

オイ缶の鰯《いわし》の味つけは極めて薄味である。このままではゴハンのおかずにならない。

もう一つは、オイ缶の中の小さな鰯は極めてもろく崩れやすい。

オイ缶の鰯の味の強化は、二百億円の足枷のせいで塩以外のものは使えない。

崩れやすい鰯の処遇をどうするか。

この二点に腐心すること三七、二十一日、ついに次のようなレシピができあがったのである。

材料、オイ缶。ゆで卵の白身のみじん切り。玉ねぎみじん切り。カイワレ菜の葉っぱのとこ。かりかり系の梅干し（赤）。

料理法は次のごとし。

①まずオイ缶を開け、缶のまま火にかける。ガス火の上に魚焼きの網をのせてその上にのせるとよい。

②丼に熱いゴハンを盛り、その上にゆで卵の白身のみじん切りを厚さ五ミリほどに敷く。

③玉ねぎのみじん切りを同様に敷く。

④その上から、熱いオイ缶をヤケドしないように持ちあげ、丼の上で逆さにしてパカッといっぺんにあける。

⑤カイワレ菜と梅干しのみじん切りをパラパラとふ

りかける。

以上で完成なのだが、なにしろこの丼は、梅干しの塩気で食べる丼なので、梅干しの塩気にもよるが五個以上は要る。
①の理由は鰯を崩れさせないためで、②の理由は、オイ缶の油をじかにゴハンにしみこませないため、つまり海に消波ブロックというものがありますね、あの役割をゆで卵の白身にさせるわけです。
できあがった丼を眺める。

実にきれいだ。
鰯の銀、梅干しの赤、カイワレ菜の緑。
味はどうか。
ホロホロと軟らかく崩れやすい鰯を箸の先で突き崩しつつ、熱いゴハンに梅干しを混ぜこみ、玉ねぎを混ぜこみ、カイワレ菜を散らしこみつつ食べる一口は、鰯くささに磯の香りが加わり、梅干しコリコリ、玉ねぎショリショリ、カイワレ菜シャリシャリ、丼物といえばかつ丼、あのかつ丼のこってり濃厚の対極に位置するさっぱりの極みの塩味丼の何というおいしさ、何というさっぱり感。

梅干しが実にうまく効いている。

梅干しの酸味がオイ缶の油のしつこさを見事に消し、油をかえっておいしくさえしている。

梅干し大成功。

考えてみれば、鰯と梅干しはもともと相性がよく、鰯を煮るとき梅干しを加える料理法がある。

自分で作って自分で大絶讃。（なにしろ二百億円がかかってる）

問題は吉野家側の対応である。

この塩丼をどう評価してくれるか。

なにしろ客がオイ丼を注文するたびに、オイ缶をパッカンパッカン開けるのが大変だろうし、一個一個ガス台にかけるのも手間だろうし、ヤケドのことも考えなくちゃならないし、残った大量の黄身の問題もあるし。

帝国ホテルでバーガーを

薔薇の木に薔薇の花咲く。何ごとの不思議なけれど。

マクドナルドでハンバーガーを食べる。何ごとの不思議なけれど。

帝国ホテルでハンバーガーを食べる……エ？　ちょっと待ちなさい、何てことをするんですか、と、ここであなたの表情が急に険しくなったのではありませんか。

実を言うと、この「帝国ホテルでハンバーガーを」の文字を雑誌で見かけたとき、それはないんじゃないの、と、ぼくも思った。

不思議なもので、

「帝国ホテルでサンドイッチを」

ならば何の違和感もない。ならば、

「帝国ホテルでホットドッグを」

は、どうなるか。

やはり、何てことをするんですか、の部類に入るような気がする。

ホットドッグには悪いが、

「だったらハンバーガーのほうがましなんじゃないの」

と思う。

だったら帝国ホテルでハンバーガーを食べてもいいんじゃないの。

食べて、

「帝国ホテルでハンバーガー食べてきちゃってねえ」

と人に自慢することができる。

まてよ。

「なにも帝国ホテルでハンバーガーなんか食べることないじゃないの」

と、かえって軽蔑されるかもしれないな。

「だけど2625円もするハンバーガーなんだぞ」

と反論すれば、

「馬鹿じゃないの、ハンバーガーに2625円も出すなんて」

と馬鹿にされるかもしれないな。

でも、そのハンバーガー、いかにも旨そう。

その雑誌には写真ものっていて、ハンバーグはマックのように型にはまったものではなく、手でこねてゴツゴツしたやつで、いかにもジューシー、いかにも旨そうな焦げ目。

食いてー、と思った。

だが、高《た》けー、と思った。

「帝国ホテルでハンバーガーを」

という言い方がよくないのであって、

「ハンバーガーを帝国ホテルで」

と言い換えれば、なんかこう、連日の御馳走に飽きてしまった富豪が、たまには庶民の食べ物でも食べてみっか、といった雰囲気になるのではないか。

こっちが大富豪的雰囲気をかもし出せれば、テキ（帝国ホテル）も、連日の御馳走に飽きたんだな、と思ってくれる（はず）。

とにもかくにも行きました。

もう、すべてが不自然でした。

大富豪が不自然だし、歩き方が緊張で不自然だし、顔つきも不自然、不自然にイスをガタガタさせてすわる。

帝国ホテルの一階のカフェ。

「ハンバーガーをおねがいします」

しばらくしてハンバーガー来る。

「あー」と思った。「やはり」と思った。

ナイフとフォークがついている。

布のナプキンがついている。

お皿にのっている。

布のナプキンをヒザにかけてナイフとフォークでハンバーガーを食べるの初めて。

帝国ホテルのハンバーガーは「アボカドバーガー」と言い、いいですか、これから書く具とその順番をいちおう頭に入れておいてください。

下からいきます。あたりまえですが一番下がパン、その上がレタス、トマト、赤玉ネギと順々に重ねていってその上がハンバーグ、その上にアボカドが五切れ、そしてパン。およそ十センチの高さにうずたかく積み上げられていて、このままだとすぐにも崩れてしまうので倒壊防止のための大きな串（プラスチック）がどまん中に突き刺してある。

このものをナイフで切って食べるには相当な困難が予想される。

図をよく見てください。

このハンバーガーの左側から三センチぐらいのところにナイフの刃を当てたところを想像してください。

そして、そのまま下に切り下げていったところを想像してください。

どうなりました。

ね、そうなったでしょう。

もうバラバラです。

ハンバーガーというものは、手で持ってガブリと噛むと、下から順番どおりの具が順番どおりに口の中に入るわけですよね。

それが全部バラバラ。

皿の上に散らばった各具を、下からの順番どおりに拾い上げて口に入れる。

何も順番どおりじゃなくてもいいのに、なぜか順番にこだわってしまう。

カラシとケチャップが別々についているので、それを一番上のパンの裏側に塗るためには、支柱となっている串を抜かなければならない。

何しろこの串はこの建築物の大黒柱であるからかなり慎重に抜いたのだが、それでも建物にズレができ、一部が崩落したのでそれを拾いあげて修復し、ゆがみをナイフで押して直し、片時も目が離せない。

こんどは半分以上食べて、まん中の串のところも通過して、建物がかろうじて立っているあたりのところにナイフを当てたところを想像してください。そしてそのまま切り下げていってください。

どうなりました。

皿の上はいまやビビンバ状態。

それでも順番にこだわったり、あるいはあれこれ勝手に取り混ぜて口に入れたり、こうなると毎回口の中の味が変わり、いつもと違ったハンバーガーの食べ方となってなかなか楽しかったですよ。

第2章　孤独編――いじけても、ひがんでも、うまいものはうまい

独酌決行

「独酌っていいな」

と、ときどき思う。

一人で酒をついで一人で飲む。

独酌はビールビンより徳利のほうがいい。

自分で徳利を取りあげ、盃に適量をつぎ、徳利を元あったところに置き、人さし指と親指で盃をはさみ、こぼさないように口のところに持っていき、口のほうもそれをお迎えにいく。ゴクリと飲む。

ゆっくりしたこの一連の動作が好き。

ちょっとわびしいところが好き。

孤独を感じるところが好き。

放っておかれる感じが好き。

最後の「放っておかれる感じ」が特に好き。

ということは、〝大勢の中で飲んでいる〟ことが前提になる。

大勢の中の一人酒。

この、大勢の中の一人酒、が意外にむずかしい。

行きつけの店ではこれができない。

常連の知りあいが一人、二人とやってきてたちまち寄り合い酒になってしまう。

行ったことのない店に一人で行って、大勢の知らない人の中での独酌、これこそが独酌のダイゴミである。

ということはわかっているのだが、行ったことのない居酒屋に一人で行くのは、行ったことのない寿司屋に一人で入っていくのと同じくらい緊張するものだ。

店内の様子はどうなのか、どういう雰

囲気の店なのか、ほとんどが常連客の店なのか……。

もしそうだとすると、一人客は、

「お友だちいないんだ」

「誰も誘ってくれないんだ」

「性格悪いんだ」

と思われてしまう。

とはいうものの時あたかも晩秋、独酌がこんなに似合う季節はほかにない。

独酌を決行するのはやっぱり老舗《しにせ》の店がいいな。居酒屋チェーンみたいなところは嫌だな。

当てはあった。

ＪＲの中野駅のすぐ近くの「Ｄ酒蔵」。

この店の前を何度か通ったことがあり、ノレンの内側の活況ぶりを目にしている。

夕方六時五分。

店の前で大きく深呼吸して中に入る。店内はワンワンという大活況。

七十席以上はあろうかという大きな店で、客の入りはちょうど半分ぐらい。

中央のカウンターが六つ続けてあいていたのでそのまん中にすわる。

飲んでいた客が新入りのぼくを見るともなく見る。

「お友だちたくさんいるんだけど一人で来たんだかんな」

という思いを目に込めて見返す。

「いらっしゃい」

このカウンター担当の、人のよさそうなメガネのおばちゃんが、つき出しとおしぼりを差し出す。

メニューを見る。

いつもならまずビールから始めるのだが、きょうは独酌をしにきたのだ。日本酒をたのむ。

戻りがつおと里芋煮をたのむ。

すると、

「里芋出てるけどいいの？」

と、おばちゃんが言う。

つき出しの器の中を見ると、やや大き目の里芋が四つも入っている。

ふつうなら、じゃあ別のものをということになるのだが、いとも鷹揚に、

「うん、いいの」

と、うなずくと、おばちゃんは、

「性格いいのね」

というふうにニッコリするのだった。

かくして、お友だちがたくさんいて、性格もいい客だ、ということを周辺に周知させることに成功したのだった。

徳利くる。キンシ正宗、三四〇円。

徳利を取りあげる。盃にそそぐ。

店内をずーっと見渡してみても、一人客は一人もいない。

店内ことごとく談論風発。

待望のわびしさ。待望の孤独感。

メガネのおばちゃんは、さも気の毒そうにわが一連の動作を見守っている。

「でも、お友だちいるんだよ」

というふうにおばちゃんを見返したのだが理解された様子はなかった。

里芋到着。これまた器に四つ。合計八つ。わが周辺は里芋だらけになった。

おばちゃんは里芋だらけの客をじっと見ている。

「あたしが注意したとき、別のものに変えればよかったのに。依怙地《いこじ》な人なんだ。性格悪いんだ」

というふうに思っている様子がうかがわれた。

そのとき一人客が入ってきた。

五十代前半という感じのサラリーマンである。

コの字形のカウンターの反対側にすわってメニューを検討している。

ちょっと孤独の影のある人で、ぼくと違って本当にお友だちがいない人なのかもしれない。その人はメガネのおばちゃんを呼び寄せて、

「このししゃもね、一人前何本?」

と訊き、またしばらくして、

「このアジの塩焼き大きさどのぐらい?」

と訊き、またしばらくして、

「この沢ガニの唐揚げ何匹?」

と訊くのだった。

性格はあまりよくない人のように見受けられた。

やはりこういう人はお友だちいないんだ、と思ったそのとき、

「やあ」

と言ってお友だちが入ってきたのだった。

午後の定食屋

久しぶりに定食屋で食事をした。

「食事はやっぱり定食屋だ」

と改めて思った。

定食屋の食事は心が落ちつく。

ゆっくり味わえる。

ぼくの仕事場周辺には、昔ながらの定食屋が数軒あって、時に応じてあちこち利用しているのだが、今回の定食屋が一番ぼくに合っている。

最近の定食屋は、マックやすかいらーくなどに押されて苦戦中で、メニューもいま風の豚肉キムチ炒め、とか、豆腐大根サラダなどを取り入れたりしている。

その点この店は、そういうものを一切排除して、伝統的な定食屋メニューのみを墨守している。

すなわち、サバ味噌煮定食、焼き魚定食（サンマとアジ。共に丸焼きと開きあり）、アジ

フライ定食、納豆、生卵、ほうれん草おひたし、キンピラ、焼き海苔などなど。

メニューに限らず、古典的定食屋には守るべき本道がいくつかある。

①まずドア。これは手動でなければならない。自動ドアの定食屋などもってのほかである。

②テーブル。デコラ。ないしはビニールクロス。

③イス。鉄パイプ製ビニール張り。色はグリーンないしは紺。

④メニュー。黒板に白墨書

き。字は下手。達筆などもってのほか。
⑤主人。無愛想。多少の不機嫌。多少の偏屈。
⑥妻。同。
⑦服装。Tシャツ。前かけ。前かけに汚れ必要。コック帽、不可。
⑧インテリア。大型カレンダー。教訓カレンダー。カレンダーの下に天ぷら油の一斗缶が二缶積み重ねてあるが、これはインテリアではない。
⑨テレビ、必須。スポーツ新聞、漫画雑誌、必須。
⑩客入店時の「いらっしゃい」などの挨拶、不可。
⑪客注文終了時の「かしこまりました」、不可。
これらの条件をすべて遵守するのはむずかしいとは思うが、ぜひ守ってほしいものだ。

その店へ行ったのは午後二時ちょっと前だった。

その店では、前掲の遵守事項をすべてクリアしてくれた。

店に入って行ってテーブルにすわり、

「サバ味噌定食、納豆、ほうれん草おひたし」

と注文すると、かたわらに立って注文を聞いていた妻は、前掲遵守事項⑪を遵守しつつ去っていった。

サバ味噌煮定食、六八〇円。納豆、一〇〇円。ほうれん草おひたし、一五〇円。

客はぼくのほかは一人だけ。

ヒゲをはやしたTシャツの大男で、新聞を読みながら、肉野菜炒め定食らしきものを食べている。

四人掛けテーブル2、二人掛けテーブル2の小さな店だ。

一缶だが、天ぷら油の一斗缶もちゃんと電話台の横に設置してある。

道路に向いた二人掛けのテーブルにすわったので道を行く人が目の前に見える。

ぼくの頭の上にテレビがあり、したがって画面は見えないが、どうやら12チャンネルの時代劇をやっているようだ。

完成したサバ味噌煮定食を、遵守事項⑥を遵守しつつ妻が運んできて去って行った。

サバの味噌煮が大きい。普通の店の一・五倍はある。

ふと気がつくと、注文してないヒジキの小鉢がある。

のぞましいたたずまい

例の大男のほうを見ると、そこにも同じ小鉢が見える。

どうやらサービス品らしい。

とりあえず納豆を掻き混ぜる。

大きな容れもの。量が多い。壁面にカラシが塗りつけてある。

醤油をたらし、へばりついているカラシをけずり取ってていねいに掻き混ぜる。ゆっくり掻き混ぜる。

納豆をゆっくりと掻き混ぜている定食屋の静かな午後のひととき。

この時間に、納豆を掻き混ぜている人はたぶん世間にいないだろうな、などと思いながら掻き混ぜる。

ほうれん草おひたしにも醤油をかけて準備完了。

まず味噌汁をひと口。おー、熱い。びっくりするほど熱い。具は短冊に切った大根だけ。ダシがきいていてとてもおいしい味噌汁だ。

サバ味噌煮にいく。

寿司屋ではコハダを食べてみるとその店の実力がわかると言われている。

定食屋でそれに相当するのがサバの味噌煮だ。

実力充分。しかも大きい。

ほうれん草の茹で加減、シャキシャキとおいしい。

サービスのヒジキ煮には、コンニャク、ニンジン、油揚げが混ぜこまれており、無料の品であっても心を込めて作った一品であることがよくわかる。

思わず厨房を見やると、一仕事終えた主人が、厨房の奥のほうからぼくの頭の上のテレビの画面をじーっと見つめている。

五十代前半あたりの人でやや気むずかしい面持ち。

遵守事項⑤をきちんと遵守しつつ、時代劇を観賞しているようだ。

そのかたわらには妻が、遵守事項⑥を遵守しつつ、やはりその時代劇を観賞しているのであった。

ぼくの定食屋の食事は静かに進行し、ぼくの頭の上の時代劇も少しずつ進行し、

「あそこで捕まっちゃうのよね」

と妻が誰に言うともなく言い、主人はうなずくともなくうなずき、定食屋の午後は静かに過ぎてゆく。

小鍋立て論

まもなく木枯らしの季節。

木枯らしとくれば鍋物。

おでんには和がらし、鍋物には木枯らし。

鍋物といえば、大きな鍋を大勢で囲んでワイワイ、がやがや、和気ワイワイ、とにもかくにも陽気、闊達、湯気モーモー、という風景が思い浮かぶ。

そういう賑やかな鍋がある一方、小さな鍋にたった一人、陰々滅々、寂寥《せきりょうりょう》々、とにもかくにも陰気、陰鬱、湯気ショボショボという風景が思い浮かぶ鍋もある。

小鍋立てである。

小鍋立てを広辞苑で引くと、〔小鍋を火鉢にかけ、手軽に料理をつくり、つつき合うこと〕とある。

広辞苑に異議をとなえるつもりはないが、何も火鉢じゃなくてもいいと思うな。

〔つつき合う〕ということは一人じゃないわけだが、ぼくは小鍋立ては一人のほうが似合

うと思うな。

でもこの「つつく」というところはなかなかいいと思うな。

大鍋は「囲み」、小鍋だと「つつく」になる。

「つつく」という動作はいかにも侘《わび》しい。

なんかこう、いじけた感じがあり、暗く、寂しく、いいんだ、オレ、どーせいいんだ、と、ひがんでる感じもあって、こういうの、ぼく、わりと好きですね。

小鍋立ては陰気が似合う。

だって、一人で小鍋立てを

しながら、手拍子なんか打って陽気に騒いでたらおかしいもん。

陰気は陰気だけどただの陰気ではない。

孤高の気配が感じられる陰気。

その周辺には、清貧、高潔の空気さえ漂っている。

そして、文学の香りも漂っている。

池波正太郎の小説なんかにもよく出てくるじゃないですか。

どことなく陰のある男、過去を背負った男が似合うのが小鍋立てなのです。

そういう空気を周囲の人々に感じさせるには、当然鍋の種類は限定されてくる。

一人、背中丸めてチャンコの小鍋立て、というのはいけません。

寄せ鍋の小鍋立て、というのもあんまり感心しないな。

じゃっぱ汁とかいうのもよくないな。名前がよくない。

キムチ鍋もやめたほうがいいと思うな。

辛くて激しく咳きこんだりして、水！　水！　とか叫んで、一人で騒いでいることになって小鍋立てが台無しになると思うな。

鍋物は最後にゴハンとかうどんを入れたりするが、だからといって小さな土鍋の小鍋立てに、うどんや食べ残した海老天とかカマボコを入れるのもやめたほうがいいと思うな。

それだと小鍋立てではなく、ただの鍋焼きうどんになってしまう。
清貧、孤高、高潔の小鍋立ては、材料がゴタゴタしていてはいけない。
ネギに白菜にほうれん草たっぷりなんてのも、なんだか所帯じみてよくない。
シンプル、これでなければいけない。

湯豆腐。これに尽きる。
少し譲って鱈ちり。ここまで。
つまり材料は豆腐と鱈。
これだけ。
と、鍋の種類と材料は決まったが、小鍋立てにはもっと根本的に大切なことがある。
これを誤ると小鍋立てそのものが台無しになってしまうほどのものです。
鍋です。鍋の形です。
いいですか、例えばですよ、居酒屋のメニューに湯豆腐があるとしますね。
値段が600円というから、多分小鍋立て仕立てで

持ってくるのだと思う。

はたして小鍋立て仕立てで持ってきたのだが、その鍋がアルミの片手鍋だったらどうします。

下宿時代に即席ラーメンを作って食べたあの片手鍋、その中に水と豆腐だけ。

多分、池波正太郎さんは怒ると思うな。

これはもう小鍋立ての絶対的な条件なのだが、小鍋立ての鍋には、鍋の両側に、あれは何ていうのかな、耳みたいな持つとこ、あれが付いていなければ小鍋立ては成立しないのだ。

絶対に成立しないのだ。

不思議だと思いませんか。

片手鍋の湯豆腐だって、湯豆腐であることに変わりはない。

だけど池波さんが怒る。

やっぱり小鍋立ては、江戸時代（？）あたり以来の、古い歴史をいまだに引きずっているせいなのかな。

そういうところに郷愁を感じつつ食べるものだからなのかな。

でもおれ、小鍋立てなんてめったに食べないな、というより、殆《ほとん》ど食ったことないな、と思っている人は多いと思う。

でもそういう人でも実はちゃんと食っているのだ。

気づかずに食っているのだ。

和風旅館に泊まると夕食のテーブルに決まって一品、固型燃料つきのコンロの鍋物が出てきますね。

まぎれもなく、あれは小鍋立て。

同じ小鍋立てではあるが、これまで述べてきた小鍋立てとはちょっと様子が違う。

いま流行のヘンテコな色とデザインの浴衣を着せられたおとうさんが、あの小鍋立てのフタを取り上げて、アッチッチなどと叫んで取り落としたりしているところに、孤高、高潔を求めるのは少し無理があるようだ。

一人生ビール

〝一人生ビール〟というのをやったことありますか。

一人酒というのは、日本酒で執り行われることが多く、美空ひばりさんの〽ひとり酒場で飲む酒は、という歌の酒も多分日本酒だと思う。

ビールで一人酒というのはどうもしっくりこない。

ひばりさんの歌は、このあと〽別れ涙の味がする、ということになり、一人酒というのはもともと陰気酒であるから、酒場で一人、しきりに徳利を傾けることになっていくわけで、これがビールだと、一人酒場でしきりに何本もビール瓶をあけることになり、おなかがガボガボになり、おなかガボガボは〝別れ涙の味がする〟という世界と合わない気がする。

まして生ビールとなると、いっそうおなかがガボガボになり、いっそう別れ涙に合わなくなる。

生ビールは当然ビアホールで飲む。

ビアホールで一人生ビールをやっている人は、あんた、そこで何やってんの、という気分を周辺に与える。

ところがですね、実際にやってみるとなかなかいいものなのです。

ビアホールで生ビールで一人酒。

しかも昼間。

昼間といっても、三時、四時というあたり。

まだ閑散としたビアホールで、一人生ビールのジョッキを傾ける。

四人掛けのテーブルにゆ

ったりと一人ですわり、ときどきジョッキを傾けてはツマミをつまみ、持参の本に目を落としては読書にふける。（週刊誌ですけどね）

夜、六時以降の喧噪がウソのような静かな店内。

こういう場合のビアホールは、あまり大きいのは困る。

体育館みたいに大きなビアホールでは気分が出ない。

ほどほどの広さ、ほどほどの客。

神田神保町の靖国通り沿いにある「L」（ライオンではありません）は、まさにそういうビアホールだ。

ぼくはここで一人生ビールを執り行うために、十日にいっぺんぐらい出かけて行く。

この店は、ぼくの考えている一人生ビールの条件をすべて満たしている。

まず店へ行くまでの道の勾配がその条件を満たしている。

JRの御茶ノ水駅の改札を出て、明治大学沿いの坂をだらだらと降りて行くわけだが、この坂の勾配が、ビアホールに向かう気分にぴったり合う。

ほどのよい坂を降りて行くとき、人は楽しい気分になる。心がリラックスする。

これから生ビールを飲むんだ、という楽しい気分になる。

これがもし昇り坂だったらどうか。

しかも鎖を伝わって這い昇って行くような急勾配だったら、とても生ビールの気分にはならないだろう。

この快適な坂を下って行って三省堂書店の前の交差点を右に曲がって一分程のところに「L」がある。

駅から歩いて約七分。

この七分という距離がまた、生ビールに至るまでの距離としてピッタリなのだ。

これがもし、歩いて二時間、などということになると生ビールどころではなくなる。

ほどよい汗、ほどよい疲れが生ビールをいっそうおいしくしてくれる。

この辺一帯を歩いている人々もまた、生ビールに合う人たちなのだ。

歩いているのはほとんど学生で、これから人生が始まるという人ばかりだ。

若い熱気は生ビールに合う。

これがもし、巣鴨だったらどうか。

巣鴨のとげぬき地蔵状態だったらどうか。

生ビールはやめて渋茶にダンゴにしよう、ということになる。

ほどよい汗、ほどよい疲れののち「L」到着。

いつもの定席、二階の道路沿いのガラス窓に沿った席にすわる。

この席は、目の下がすぐ道路、すなわち目の下すぐのところを通行人が歩いている。

この席は、別に、特に、これといった利点はないのだが、ときどきいまはやりのキャミソールの娘が歩いて行ったりする。

キャミソール娘が三人づれで歩いて行ったりする。

キャミ娘《むす》。をま上から見るとどういうことになるか。

それが三人だから、×《かける》三ということになるとどういうことになるか。

迷惑に思う、という人は少ないはずだ。

この日はまずタン塩とエビフライをとった。

生ビール、五六〇円
ここのジョッキがまた、生ビールにぴったりの大きさなのだ。

大き過ぎず、小さ過ぎず、ジョッキの壁に泡の横線三本で空になる。

さっき、タン塩とエビフライをとったと書いたが、それを読んで、

「タン塩はいいけどエビフライは生ビールに合わないんじゃないの」

と、ややさげすみつつ思った人も多いはずだ。

そういう人はこの店のエビフライを知らないからだ。

全長二十二センチ、直径三センチのエビが堂々二本、マカロニサラダとトマトを従え湯気をあげて横たわっている。アツアツ、トゲトゲのとこにタルタルソースを無視してソースをかけ、ナイフでブツリと切って口に入れる。

エビフライがこんなに生ビールに合うとは、と、誰もが思うはずだ。

ふと前を見ると、やはり一人生ビールの客が一人ゴクゴクやっていて、ときどき眼下に目をやっているのでありました。

「秋刀魚の歌」のさんまは

さんまを食べるとしみじみしませんか。
しますよね、なぜか。
さんまに限ってしみじみする。
鰯《いわし》や鰺《あじ》だとしみじみしない。
さんまを食べるとしみじみするからこそ、佐藤春夫は「秋刀魚の歌」を書いた。
《あはれ秋風よ》
という心境になった。
《男ありて、今日の夕餉にひとりさんまを食《くら》ひて思ひにふける》
ということになった。
鰯や鰺ではそういう心境にはならない。
不思議だと思いませんか。
さんまと鰯と鰺を比べてみましょう。

つくづく眺めてみても、そんなに違いがあるとは思えない。頭があって、胴体があってしっぽに至る。どこをどうとっても三匹とも同じ形をしている。

それなのに、さんまに限ってなぜしみじみするのか。

その理由を、秋の夕暮れ、さんまを食べながらつくづく考えてみた。

そうしてついに答えを得た。そうか、そうだったのか、とハタとヒザを打った。

そのわけは、さんまの長身にあった。

さんまは鰯や鰺に比べて胴が長い。

さんまの平均身長は25センチ。

鰯や鯵は平均20センチ。

つまり5センチ、鰯や鯵より背が高い。

5センチ背が高い、じゃなかった、長身ということは、魚の場合は胴体の部分が長いということになる。

5センチ胴が長いとどうなるか。

5センチ分、鰯や鯵より食べるのに時間がかかる。

5センチ分、この魚とつきあっている時間が長くなる。

5センチ分長くつきあっているとどうなるか。

そこに人情が生まれる。

人間もそうだが、その人と長くつきあっていると人情が生まれてくるのは誰もが経験することである。

人情とは何か。愛である。

いつくしみである。情《なさ》けである。

つまり、人間とさんまが情愛の関係で結ばれたことになる。

こうなればもう、詩人佐藤春夫の独壇場となる。

「さんま長身説」を実証するために、ぼくは実際にさんまの胴体のところを5センチほど切りとってはずし、頭としっぽを再びくっつけ、鰯や鯵と同じ身長にして食べてみることにした。

ずいぶん不格好になりました。

それを食べてみると、はたして人情は生まれませんでした。

何しろ胴体が短くなったから、食べている時間はいつもより短い。

人情にひたっている間《ま》がない。

鰯や鯵に人情が生まれない理由はこれだな、と思いあたった。

佐藤春夫が「秋刀魚の歌」を書いた背景には複雑な人間関係があった。

谷崎潤一郎、その妻千代、佐藤春夫、佐藤春夫の妻という四人の男女の背徳の関係の中からこの歌は生まれた。

谷崎潤一郎も辛《つら》い思いをした。

妻千代も様々な辛い思いをしたであろう。

自分の妻も辛い思いをしたであろうし、当然自分も苦しい思いをした。

その思いを、春夫はさんまに託したのである。

逆にいえば、さんまは春夫に思いを託されたのだ。

さんまは、魚ではあるが、詩人に人生の重大事を託されるほどの大物だったのだ。

だからこそ、春夫はさんまに縋《すが》ったのだ。

さんまは春夫に縋られたのだ。

さんまにハラワタがあったことも幸いした。

もちろん鰯や鯵にもハラワタはあるが、さんまのハラワタは特別の存在として世間に認められている。

春夫はハラワタにまで縋った。

《愛うすき父を持ちし女の児は
小さき箸をあやつりなやみつつ
父ならぬ男にさんまの腸をくれむと言ふにあらずや》

この「秋刀魚の歌」の評価の中で、誰もが見落としている点が一つある。

それはさんまの料理法についてである。

この歌の中で、春夫はさんまをどうやって食べたかについては明記していない。

みんな勝手に、

「焼いて食ったんだよな」

と思っている。

「七輪に網をのせてウチワであおいだんだよな」

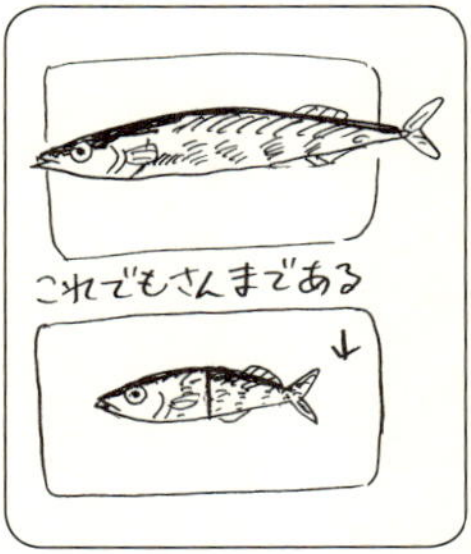

とまで言う人もいる。

ただわずかに、

《そが上に青き蜜柑の酸《す》をしたたらせて》

の部分から、焼いたと思っているだけなのだ。

また、この歌には煙は出てこないのだが、みんな煙の風景を思い描いている。

あはれ秋風よ、とか言いながら、ウチワであおいでいるわけだから、当然煙が立ち昇ってるんだよね、なんて思っている。

だが、もしですよ、
春夫がこのときさんまを煮つけにして食べていたとしたらどうなります?

いや、ありえないことではない。

誰もこの部分を考証した人がいないだけであって、七輪は認めるとして、その上に鍋をのせてさんまを煮ていたかもしれないのだ。

鍋の中で、さんまが醤油と砂糖の汁の中でグツグツ煮えている。

鍋の中から立ち昇るおいしそうな匂い。

ま、冗談ですけどね。

魚肉ソーセージは改善すべきか

食べ物が目の前に置いてある。

肉でも魚でもさつま揚げでも何でもいい。

豆腐、天ぷら、稲荷ずし、タクアン、何でもいい。

そうすると、それを見た人は、必ず、

「おいしいんだろうなッ」

と思う。

「まずくないだろうなッ。まずかったら許さんけんねッ」

と思う。

とにもかくにも、おいしいほうを期待する。

最初から、まずいほうを期待する人はいない。

が、ここにもう一つの考え方があることはある。

「おいしくても、おいしくなくても、どっちでもいい」

という考え方である。

あるんですよ、意外に、そういうものが。つまり、最初から期待しない対応。

スーパーで買ってきた羊かん。

スーパーで買ってきたメンチカツ。

スーパーで買ってきたメロンパン。

スーパーばっかり並べて申しわけないが、ま、そのへんの事情はわかる人にはわかるはずで、釈明はいいから早く次へ行きなさい、と言ってくれると思うので次へ行きます。

そういう〝期待されない食べ物代表〟みたいな存在として魚肉ソーセージがあります。

魚肉ソーセージを目の前にして、

「おいしいんだろうなッ。おいしくなかったら許さんけんねッ」

と怒鳴っている人を、ぼくはこれまで一度も見たことがありません。

もっとも、魚肉ソーセージに限らず、目の前の食べ物に向かって何か怒鳴っている人をこれまで見たことありませんけどね。

で、魚肉ソーセージを食べてみる。すると果たして、特においしくもないが特にまずくもない。

そのことに対して、もちろん何の文句もない。

ただひたすら口をモグモグ、特別にうまくもまずくもないがとりあえず口の運動、ホラ、楽しくなくても、足の運動のために歩きなさい、とか言うじゃないですか。あのたぐいのために食べる食べ物。

口だって、たまには運動させたほうがいいんじゃないですか。

食べるためにばーっか運動させて、実務ばっかりじゃないですか。

たまにはゆっくり散歩みたいなことをさせてあげなさい。

ただ、口の中に何にもないのに口をアグアグさせていると、人にヘンに思われるので何か入れておいたほうがいい。

こういうとき、ホラ、ピッタリじゃないですか魚肉ソーセージは。

あ、それから、

「ナーンカ、ツマンナイナー」

というひとときってありますよね、人生には。

人生というものは用事ばっかりで、用事が終わると次の用事が待ちうけていて、その用事を済ますと次の用事、といったような用事の連続にふといや気がさす。
いや気がさしてだれる。
いや気がさしたとたん、気がゆるんで急にヒマになる。退屈になる。こういうときのポーズは決まっていて、椅子に腰かけていて、左手で片肘ついてアゴを支えていて、組んだ足をブラブラさせていて右手の人さし指でテーブルをトントンたたいたりしている。そして呟く。
「ナーンカ、ツマンナイナー」

魚肉ソーセージが
キャラ弁に
いまはそういう時代

ぼくはこの「ツマンナイナー」のひとときがわりと好きなんですけどね。

大切にしてるんですけどね。

とりあえずヒマ。幸いにしてヒマにはヒマ潰しという言葉が用意してある。

ヒマ潰しには往々にして食べ物が利用される。

こういう「ツマンナイナー」のひとときのヒマ潰しの食べ物として、ぼくは魚肉ソーセージを愛用している。

最初から味に期待しないというところがツマンナイナー時《じ》の食べ物に向いている。

だから、災害時用食品というものがあるように、ツマンナイナー時用食品として魚肉ソーセージを冷蔵庫に常に備蓄している。

ひとたびツマンナイナー起これば、ただちに冷蔵庫に向かう。

魚肉ソーセージ（細いほう）を一本、取り出す。

剝《む》く。

剝く、という言葉に人はいい印象を持っていない。

剝く、と聞いたとたん、厄介なことになるな、と思う。

そして実際に厄介なことになる。

ゆで卵の殻を剝く。リンゴの皮を剝く。玉ねぎの皮を剝く。魚肉ソーセージの皮を剝く。

特に魚肉ソーセージの皮は厄介である。

皮を剝くキッカケのとこをちゃんと明示している製品もあるが何の説明もないものも多い。

どこをどうしろ、という説明が一切ない。だから、みんなどこをどうしていいかわからない。

とりあえず素手で立ち向かったあげく、敵わずと見て、久しぶりに犬歯というものを持ち出して（持ち出すわけではないが）食いちぎってキッカケをつくる。

いまどき、消費者の不都合に対して敏速に対応しないメーカーなど考えられない。しかもやろうとすれば方法はいくらでもあり、しかも簡単にできる。なのにメーカーはなぜそれをしないのか。

魚肉ソーセージはツマンナイナー時用食品なので、わざと、うんと手間ヒマかけさせてヒマ潰しに協力しようとしているのだ、と、ぼくは考えているんですけどね。

いじけ酒

朝の九時からやっている居酒屋。

もう一度書くけど、朝ですよ、朝の九時。

朝の九時といえば、商店はガラガラとシャッターを開け、会社ではサラリーマンが、さて、と、ネクタイをしめ直して一日が始まろうとしているそのとき、もう、ビールぐびぐび、「焼き鳥三本、ここ、まだ来ないよー」とか叫んでいる人たちがいることになる。

そんな店あるのか、と誰もが疑うが、あるんです、ちゃんと。

赤羽の「まるます家」。

ここは昔から「朝からやっている居酒屋」として有名なのだという。

朝九時に開店してそのままずっと夜の九時半まで営業しっぱなし。

これぞ〝いじけ酒〟を趣味とする者のメッカといわずしてどこにメッカがありましょう。

ところで、ぼくは居酒屋でいじけるのを趣味にしている。

居酒屋に一人で行って、みんなが楽しそうにワイワイ騒ぎながら飲んでいるのを暗い目

つきで睨《ね》めまわし、「いいんだ、オレは」といじけながら飲む。

これが楽しい。

暗い目つきをしている自分がいとしい。

というヘンな趣味を持っているのだが、趣味というものはだんだん深みにはまっていくもので、〝居酒屋で一人で飲む〟では満足しなくなり、〝居酒屋で一人で昼まっから飲む〟という、更に過激な条件が必要になってきたのだった。

そういうわけで「まるま

す家」に行くことになったのだが、いくらなんでも朝の九時は気が引ける。

午後二時、このあたりがいいんじゃないか、いじけるのに適しているんじゃないか、そう思って電車で行ってＪＲの赤羽駅で降りたのだが、ま、あたりまえの話だがなにしろまっ昼まだから明るいんですね。

天気晴朗、青空くっきり、サラリーマン、銀行マン、営業マン、みんなネクタイしめて忙しげに路上を行き交っている。

駅から昔ながらの商店街を数分歩いて「まるます家」に到着。

ノレンはなく、ズラリと並んだ提灯の下はガラスの引き戸。

戸の前に立ったものの、背後に世間の非難の目をヒシヒシと感じる。

しかしこっちはいじけてなんぼの人、背中がぞくぞくする。

引き戸、開けます。

やってるやってる、店の中央に牛丼屋風のコの字形のカウンターが二列あって、そこにすでに二十人ほどの赤い顔がズラリと並んでいる。

いままさに、プハーと言いつつジョッキを置いた人、徳利をトクトク傾けている人、お新香の大根をかじっている人、

「こちらイカゲソお待たせぇー」

威勢よく叫んでいる店のおばちゃん。

おばちゃんたちがとても元気だ。

「ハイッ、こちら熱燗いっちょー、お待たせぇー」

「三番さん、湯豆腐お待ちぃー」

金升いっぽぉーん おまちぃぃー
音声と顔は変えてあります

いいですか、いま午後二時ですよ。午後二時に熱かんですよ。

三番さんなんか湯豆腐ですよ。

さすがにネクタイの人は一人だけで、ガイドブックによると、近隣の定年退職の人、夜勤明けの人、タクシーの運転手などが多いらしい。四つほどあるテーブル席では、近所の人らしいおばさんが一人で鰻丼を食べている。

いきなり日本酒（300円）からいくことにする。いじけ酒にはビールより日本酒のほうが適している。つまみは自分で〝いじけ三点セット〟と称している、イカの塩辛、モツ煮こみ、鯖の味噌煮をたのむ。

日本酒がきたら、背中をうんと丸めて手酌で飲んで暗くいじけよう。

しかし、困ったことに店内の雰囲気がいやに明るい。みんな楽しそうに飲んでいる。

店内に四人いるおばちゃんたちもやけに明るい。

料理の注文を独得のフシで
「ハーイ、ワカサギフライいっちょー、入りまぁーす」

と厨房に伝え、

「ハーイ、金升（この店の日本酒）いっぽぉーん、おまちぃー」

と客の前に置く。四人とも客に優しく、親身に接し、

「あら、きょうは二本だけ？　体の調子悪いんじゃないの」

とか、「このお鍋のスープ、残しておいたらあとでゴハン入れて雑炊にしてあげるわよ」

など、他の居酒屋とちょっと違った雰囲気をかもしだしている。

まあいい、周りは周り、オレはオレ、さあ、これからいじけるぞ、外は昼まなんだかんな、世間の人は働いてんだかんな、と自分に言いきかせ、目つきも暗くしてなんとかいじ

けかかると、

「ハーイ、金升いっぽん、おまちぃー」

と、おばちゃんがニコニコやってきて、

「どお？　おかん熱すぎない？　熱すぎたらぬるいのに替えてきたげる」

と言い、「きたげる」のところが妙になまめかしく、嬉しく、

「ううん、これでだいじゃぶ」

などと少しかみ、下町の人情いまだすたれず、というようなところへ思いは発展していき、みんなこうやって励まし合って生きてるんだ、人間、前を向いて生きていかなきゃと、急に元気になって徳利の酒をコップ状のおちょこに勢いよくつぎ、ぐいと飲み干して更に元気になり、気前も急によくなって金升をもう一本注文し、

「それと鯉の洗い（あるんです）もね」

と、急に高級品をたのむのであった。

どうやら今回の〝「まるます家」いじけ作戦〟は失敗だったようだ。

行って楽しむ行楽弁当

いよいよ行楽の秋。

と言われると、

「そうかぁ、行楽の秋かぁ」

と口に出して言い、思わず両手を高く差し上げて背伸びのようなことをすることになる。

解放感、というのかな、そういう響きが〝行楽の秋〟にはある。

行楽の秋、と聞いて急にうなだれ、しょんぼりする人は少ない。

楽しそうなイメージがあるんですね、行楽の秋には。

なにしろ〝行〟、そして〝楽〟、ちゃんと楽という字が入っている。

とりあえずどこかに行く、行って楽しむ。

高尾山、なんて場所が頭に浮かぶ。

ま、どこだっていいのだが、手近なところで高尾山。

高尾山といえばケーブルカー。

眼下に紅葉、見渡せば山々の連なり。

目の前を赤トンボなんかにスイーッと飛んでもらってもいいな。

やがて頂上。

とくれば弁当。

朝、家を出て電車に乗って高尾駅に着き、ケーブルカーに乗って山道を歩いて頂上に至るとちょうどごはんどきになる。

で、弁当。

行楽弁当というものはこういうときのためにある。

駅弁などは、買ってきて

家で食べても駅弁だが、行楽弁当は家で食べると行楽弁当にならない。

家の近くの公園で食べても行楽弁当にはならない。

行楽弁当には距離が必要なのだ。

距離と景色。

高尾山の頂上の、見晴らしのよいベンチにすわって行楽弁当を開く。

見はるかす錦繍《きんしゅう》の山々。

足元にススキ、コスモス、彼岸花。

見上げれば澄みきった秋空、白い雲。

そこんところへ、さっきの赤トンボに飛んできてもらってもいいな。

このときの行楽弁当は、ちょっと奮発してデパートで買ってきた2000円ぐらいのやつにしたい。

そいつの包みを開く。なにしろ2000円だから豪華、色とりどり、おかずいっぱい。

ふつうの弁当ではめったにお目にかからない鴨肉なんかも入っているし、鮑《あわび》らしきものも入ってるし、松茸、の形をしたカマボコなんかも入っている。

いきなり箸をつけたりしません、ひととおりじっくり見ます、2000円だと。

山頂で食べる行楽弁当の良さは、ゆったり落ちついて食べられるところにある。

これがもし花見弁当だったら少し忙しくなる。
時には花を見上げなければならないし、誰かの歌に手拍子も打たなければならない。
なにしろ手拍子であるからそのつど箸を置かなければならない。
野球見物のときの弁当は、弁当も気になるが眼前の野球も気になる。
芝居見物のときの幕の内弁当も同様。
駅弁なら落ちついて食べられるかというと窓外の景色が気になる。

しかもその景色が、目まぐるしいスピードで移り変わる。
その点、山頂での行楽弁当は、心静かに弁当と向き合って食べることができる。
なにしろ景色が変わらない。
何べん見ても変わらない。
何べん見ても、さっき見た景色がそのままそこにある。
だから弁当に専念することができる。
まず弁当全体をじっくり見る。
そして全体の位置を正す。
持ち歩いて寄っているところを定位置に戻す。

牛肉が何枚か重なって入っていて、よじれているのがあれば正し、ついでに何枚あるか数える。

ゴハンにイクラがかかっていて、まばらなところと密度の濃いところがあれば、箸の先で平均にならす。

昆布を干ぴょうで巻いた昆布巻きがあれば、取りあげて中をのぞき、

「鰊《にしん》入ってるな」

と確認する。

コンビニ弁当なら、こうした一連の行為は絶対にしないのだが、山頂における行楽弁当である、ということと2000円である、ということでこうなる。

オープニングセレモニー終了。

まず定番の椎茸の煮たのあたりからいく。

つまみあげてじっくり見る。

「上手に切るものだなあ」

と、十文字の切り込みにしみじみ感心する。

そのあと、こんどは引っくり返して裏も見る。

椎茸の裏はヒダヒダになっているのは誰だって知っている。

だけど見る。

その気持ちはわからないでもない。

弁当にはニンジンを花型に切ったのや、レンコンやゴボウの煮たのも入っているのだが、これらのものは引っくり返して見たりしない。裏も表も同じだからである。

椎茸だけは裏と表がはっきり違う。

そのあたりのところに、彼が裏を見ようとした動機がひそんでいるようにぼくには思える（彼って誰のことだかよくわからないが）。

紅白のカマボコがあるが、これは紅から食べるか、白から食べるか。

どっちにしようかな。神様のいうとおり。

あ、こんなところにギンナン。

あ、こんなところに栗。

あ、あんなところに鬼あざみ。

あ、さっきの赤トンボ。

あ、秋風。

いつのまにか箸が止まっている。

第3章　探求編

――小さいことにこだわらずに、大きいことはできない！

ゆで卵は塩?

「ゆで卵は春の季語です」

と言われれば、うん、そうだろな、丸くて白くて黄色いゆで卵って、いかにも春を思わせるものがあるものな、と思う人は多いかもしれないが、ゆで卵は春の季語ではない。

どころか、季語そのものにも入っていない。

でも、ぼくとしては春の季語として採用してやりたいな。

春がダメなら、夏でも秋でも冬でもいいから、補欠として採用してやりたいな。

それで、いつか、いずれかの季節にアキが出たときに正式に繰り上げてやりたいな。

これほどまでにわれわれの日常生活に密着していて、これほどまでに慣れ親しんでいるゆで卵に対して、俳界の仕打ちは冷たいと思う。

手のひらを窪めて、そこにゆで卵をそっとのせてごらんなさいな。

食べ物とは思えないような愛着を感じるでしょ。

あ、剝いてあるほうですよ。

剝いてないほうにはあまり愛着を感じないが、剝いたとたん愛着をおぼえる。

しっとりとして、軟らかく、押せばへこみ、まだ命あるもののように思い、思わず何か一言語りかけたくなる。

しかもなにか温かくて思いやりのある言葉をかけてやりたくなる。

相手は厳然とした食べ物です。

食べ物に語りかけるなんてことはふつうしません。

たとえばカマボコの一片

に何か語りかけたくなるということ、ありますか。

でも、手のひらにのせたゆで卵に何か語りかけている人を見たら、なんだか微笑ましく思い、つい目元が優しくなるはずです。

そういうわけで、いま剝いたばかりのゆで卵が左の手のひらの上にあります。

ゆで卵はやはり剝くところから始めたいですね。

落花生や枝豆と同じように、ゆで卵もいわゆる〝剝きもの〟に属しているようで、剝いたのをいきなり目の前に出されるより、自分で剝いたほうがおいしい。

カイ（隗）より始めよ、という言葉があるように、ゆで卵に関しては、コンより始めよ、という言葉が古くからあります。

ゆで卵をテーブルにコンコンとぶつけて殻を割るところから始めよ、という意味です。

コンコンとやって殻を割って丁寧に剝いていき、ぐるりと回して全体を点検し、へばりついていた小さな殻を発見してそれを取り除く。

そういう経過を経たゆで卵が、いま左手の手のひらの上にあるわけです。

湿っている大理石。

やわらかな大理石。

そういう色合いの丸い固まり。

不思議なことに、ゆで卵は殻がついていたときより、剝いたときのほうが重さが増したように感じる。

このゆで卵をこれからパクリとやるわけですが、いまあなたの頭にあるのは塩でしょ。まず塩をふりかけなくちゃ、と思っている。

満遍なく、過不足なく、全体に振りかけようと思っている。

ではうかがいましょう。

なぜ塩なのですか。

ゆで卵というと反射的に塩ということになる。

なぜでしょう。

醬油はなぜ登場しないのでしょう。

ソースはなぜ登場しないのでしょう。

同じ卵を、ゆでずに焼いた場合を考えてください。

目玉焼きです。

とたんに、塩、醬油、ソース、と、どれにしようかと迷うほど次々に選ぶべき相手が浮かんでくる。

パンだったら塩だな、ゴハンだったら断然醬油だな、いや、わたしはどっちの場合もソースです、と、いう人もいるはずだ。

なのにゆで卵となるとなぜ反射的に塩なのか。

ま、いいや、今回は大まけにまけて〝塩で〟ということにしましょう。（何をまけるんだ？）

右手の親指と人さし指でつまんで塩をパラパラと振りかける。

大理石に塩、だから振りかけた半分はツルッと滑り落ちる。

でも半分は大理石の表面にはりつく。

この〝ゆで卵にはりついた塩の味〟は独得のものがある。

おにぎりに振りかけた塩は、すぐにゴハンの表面になじんで姿を消すが、ゆで卵の塩は一粒一粒粒立ってはりついている。

その、ザラッとくる感触がまず舌にきて、そのザラが舌の上にあるうちに白身のところの軟らかくて淡白な味にもつれこむとおいしい。

その次の黄身の味にももつれこめれば大成功。

ゆで卵は、この、塩、白身、黄身の味が最後まで混じり合わない。

白身はいつまでもべろべろとして無味であり、黄身はいつまでもモクモクとして濃厚をやめないし、塩は最後まで粒立って卵となじもうとしない。

この三者別々がおいしい。

コンビニの〝塩分しみこませゆで卵〟がもうひとつピンとこないのは、三者別々でなければならないものが三者琴瑟相和《きんしつあいわ》しているせいだと思う。

ところでそのゆで卵、とんがったほうから食べ始めますか、それともお尻のほうからですか。

ほんのちょっと迷ったのちとんがったほうから、が正解です。

オムライスの騒ぎ

皿の上にオムライスがあります。

黄色くて、紡錘型で、まん中のところに赤いケチャップが帯をしめたようにかかっている。

これをどう食べるか。

左の端から食べ始めてまん中に至り、更に食べすすんでいって右の端に至って食べ終える。

だいたいこういう食べ方をする人が多い。

こういう食べ方って、これはこれでいけないところなどひとつもないのだが、なんだか面白味に欠ける。

食べ終えてなんとなく空しい。

何も残ってない皿の上を見つめて、

「面白いことなどひとつもなかったな」

と寂しい。
よいにつけ悪いにつけ、思い出がひとつもない。
これがサンマだと事情が変わる。
サンマもオムライスと同様、左の端から食べ始めて右端に至るという食べ方をする。
だがこっちは食べ終えても寂しくない。
皿の上に骨が残るからである。
骨が思い出を呼び起こす。
この骨の腹のところにあったハラワタ、苦くてプリプリしていていいハラワタだったなあ、と思い出にひたることができる。

オムライスは皿の上に何もないから思い出のきっかけがない。

特にありきたりの食べ方をするとよけい記憶に残らない。

やはりあれじゃないですか、いったん食事をしたならば、食べ終えたとき思い出のひとつやふたつ、あったほうがいいんじゃないですか。

そういう人生のほうがいいんじゃないですか。

オムライスを思い出に残るような食べ方で食べるにはどうすればいいか。

ちょっと変わった、印象に残るような食べ方をすることじゃないでしょうか。

たとえばこうです。

皿の上にオムライスが横たわっています、まん中のあたりをボテーッとさせて。

そのどてっ腹をいきなり襲う。

スプーンでザクッといく。

ザクッと突き立てて手前に引くと、大量の湯気とともに、中のライスがモロモロと掘り出される。

そうすると、これから食べるオムライスのライスが、どういうものかがわかる。

オムライスの中のライスは店によっていろいろだ。

チキンライスの店もあればチャーハンの店もあるし、最近はドライカレーの店なんてのもある。

どてっ腹からモロモロ出てきたものを、スプーンで押し拡げ、うん、この店はケチャップライスだな、うん、これはマッシュルームだな、玉ねぎだな、おっ、これは牛肉ではないか、いいもの掘り当てたぞ、と、いつのまにか潮干狩りの気分になっていたりする。

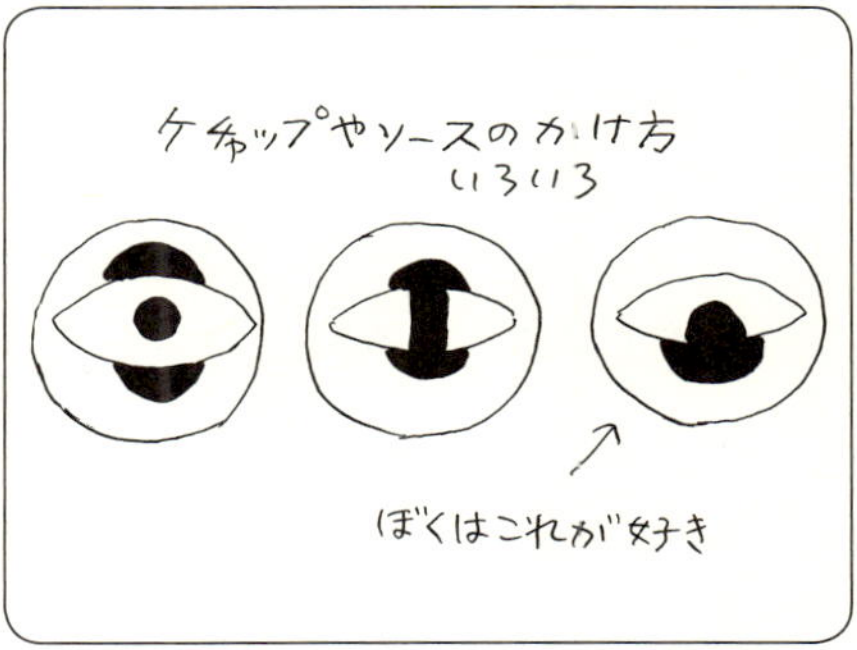
ケチャップやソースのかけ方
いろいろ
ぼくはこれが好き

別にこういう点検みたいなことをしないで食べてもいいのだが、いるんですよね、最後までどういうライスだったかなんてことなーんにも気にしない人。

オムライスの中のゴハンなんかどうだっていい人。

オムレツの中になんか入ってたな、としか思わない人。

こういう人です、オムライスを左の端から食べ始めて右端に至る人。

何事も順序どおり粛々と行う人。

粛々専門の人。

こういう食べ方はどうでしょう。

どてっ腹に穴を開けたついでに、そのあたりをどんどん食べて右と左に分断しちゃうというのは。

これをやってる人をこれまで見たことがないし、自分でもやったことないけど一度やってみたいな。楽しいと思うな、エート、右と左とどっちから食べようかな、なんて。

オムライスの両端は、卵焼きがたっぷりのオムライスを味わうことができるが、まん中のところは太くてライスばかりだから、一口分のライスにあてがう卵焼きがどうしても不足する。

千切れて皿の上にあった卵焼きを拾いあげ、裁縫のつぎあてみたいなことをしたりして苦労する。

そうそう、もうひとつ印象に残る食べ方がある。

これは一般の方々にお勧めできるような食べ方ではないのだが、ぼくはオムライスを食べるときは必ず実行している。

なにしろこれにはお箸が必要だからそこがネックとなる。さっきオムライスをまん中で分断したわけだが、そのとき分断面の卵焼きが一部出っぱってヒラヒラしていることがある。

そのヒラヒラを箸でつまむ。

つまんでピリピリと剝がしていく。どこまで剝がれるかな、なんて思いながら剝がしていく。けっこう緊張するしスリルもある。

ある程度剝がしたら、箸で大きく持ちあげてその奥をのぞきこむ。

別にこのことに意味があるわけではないのだが、でもホラ、いろいろ楽しみながら食べたいじゃないですか。粛々と、というのだけは避けたいじゃないですか。

ピリピリと剝がしてのぞいたあとは、かぶせて元に戻せば何事もなかった、ということになるわけだし。でもこれ、店の人が見たら相当ヘンな客だと思うだろうな。

だってオムライスがメニューにあるような店は、ナイフ、フォーク、スプーンは出すが箸はまず出さない。ということは箸は持参ということになる。

わざわざ箸を持参してきて、薄焼きの卵焼きをソッと剝がして持ちあげ、その奥のほうをのぞいたりしてるんですから。

釜めし家一家離散

朝、朝刊を拡げると、年に何回か「全国有名駅弁大会」のチラシがハラリと落ちることがある。

そうすると、どうにもこうにも落ちつかなくなる。

つい先日もそのチラシがハラリと落ちた。

隣街の吉祥寺のデパートで駅弁大会をやっているのだ。

ときどきチラシを取り出して眺めたりして一日落ちつかず、次の日も朝から落ちつかず、午後になってこらえきれなくなって出かけて行った。

どれにしようか、チラシの写真と照らし合わせたりしてあれこれ迷うのだが、結局のところいつも買って帰るのは峠の釜めし。

好きなんだよね、峠の釜めしが。

買って帰るとヒモをほどくのももどかしくフタを開ける。

このときいつも感動が走る。

フタが重い！

毎回毎回このことに感動する。

世の中のフタというフタ、急須のフタ、重箱のフタ、鍋のフタ、どれもそれぞれ応分の重さがある。

これらのフタに比べると、駅弁のフタは異常に軽い。軽すぎる。

ペラペラの紙やプラスチックなので、アレ？ と思うほど軽い。

一応フタなんだからもう少し重くなくちゃダメじゃないか、と叱りつけたくなるほど軽い。

多分、いつもこの軽さに不満を持っていたんだと思う。

ずうっと、フタがこんなことではいけないと思っていたに違いないのだ。

誰がって、わたしがです。

だから峠の釜めしのフタがずっしり重いと、つい感動してしまうのですね。

で、感動しつつ開けました。

おー、盛りあがってる、盛りあがってる、鶏肉が、筍が、椎茸が、栗が、狭いところにぎゅうぎゅうに押し込められて盛りあがってる。

峠の釜めしの魅力はこのぎゅうぎゅう感なんですね。

なぜこんなにぎゅうぎゅうなのか。

駅弁はふつう平らに薄べったく展開している。

大体まあ、一辺が20センチとか30センチだから、面積としては600平方センチぐらい。

ところが峠の釜めしは直径（内法）が10・5センチだから面積は約87平方センチで他の駅弁の七分の一しかない。

その面積に8品目のおかずを詰めこまなくてはならない。

建蔽率は多分違反してると思うな。そんなことだから、敷地たるゴハンはおかずたちの下になって全然見えない。

ほかの平べったい駅弁は、見渡せばすぐにゴハンが目に入る。

そういう駅弁を日頃見慣れているから、ゴハンが見えないと人は不安になる。

そこで誰もが、とりあえずおかずのところをホジる。ホジってどけてゴハンの露出をはかる。

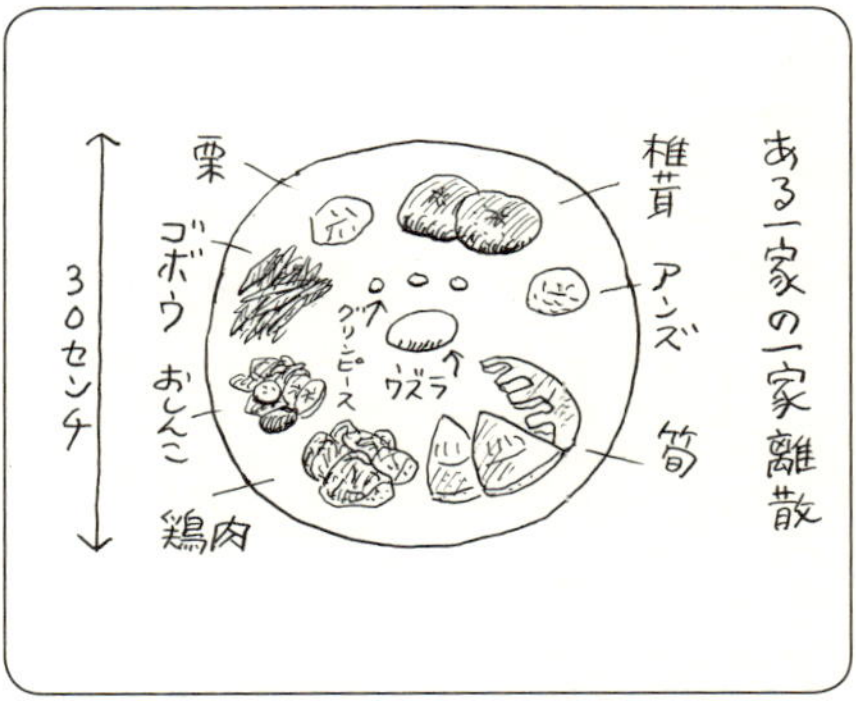

早くゴハンに会いたい。

望郷の念という言葉があるが、望飯の念にかられる。

早くゴハンに会って安心したい。

とりあえずおかずをどけなければならないわけだが、どのおかずからどけるか。

どれからでもいいというわけにはいかない。

どけたものは口にしなければならないわけで、どれから食べ始めるかという問題になってくるからだ。

エート、どれからどけるか。

と、いうようなことを、釜めしの重いフタを手に持ってジーッと全容を見つめているうちに、パッとすばらしいアイデアがひらめいた。

駅弁は列車の狭い座席で、ヒザの上にのせて食べることを前提にして作られている。それゆえにできるだけコンパクトということを心掛けて作る。

だが最近は、デパートなどの駅弁大会などで買って帰って家で食べる人も増えている。

現にいまのぼくの場合がそれだ。

駅弁を家で食べる場合の食べ方、というものもあっていいことになる。

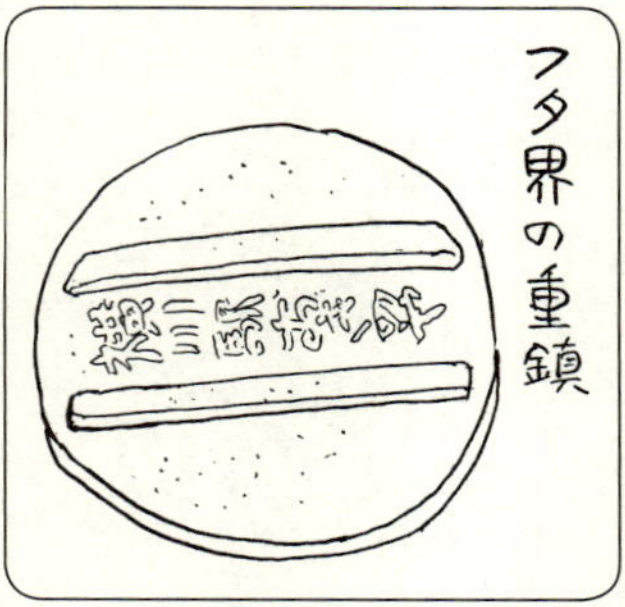

列車の座席は狭苦しいが、キッチンのテーブルは広い。

助さん、格さん、もうわかったでしょう。

そうなのです。

狭苦しいところに押し込められていたおかずたちを、広々としたところに出してやるのです。

直径三十センチの大皿を持ってきた。色は白です。

そこへですね、峠の釜めしのおかずを、一品一品箸でつまんで白いお皿の上に並べていく。

まずウズラの卵をまん中に置く。その周りに、盛りつけを考えながら筍、椎茸、栗、と置いていく。峠の釜めしの分解食いをしようというのです。

どうです、これまで誰も考えつかなかったすばらしいアイデアではありませんか。

ウズラの卵を中心にズラリと並べ終わってうっとりと眺める。

すばらしい景観です。

このまま大料亭のテーブルに出しても恥ずかしくない一皿。

この一皿を見て、これがかつて峠の釜めしだったと思う人は一人もいないのではないか。

だが釜めし側はこのことを喜んでいるのだろうか。

彼ら一品一品がなんだか寂しそうに見えるのはなぜだろう。

肌を寄せ合って暮らしていたあの釜めし時代を懐かしがっているようにも見える。

海に出て　木枯し帰るところなし

という句があるが、

皿に出て　釜めし帰るところなし

カキフライに関する考察

「カキフライ、大好きです」

と最初に高らかに宣言しておいて、この話を始めたいと思う。

カキフライ、好きだなあ。

いわゆるフライものには、トンカツ、メンチカツ、コロッケ、アジのフライなどがあるが、これらのフライとカキフライとは一線を画するところがたくさんある。

まず高さです。

他のフライはどれもこれもみんな平べったい形をしている。

だがカキフライは丸っこい。

丸っこくてこんもり盛り上がっている。

丸っこくてこんもりしていてコロコロしているところが可愛いのだが、こんもり盛り上がっている分だけ、平べったい連中より背が高い。

それから数が多い。

本当はカキフライでゴハンを食べたかったのだがカキフライだけというのはおかずとして物足りない気がして結局ミックスフライになったのだが、せめてあと2個カキフライがあればなあと嘆いているおとうさん
ヒレカツ
メンチ
カキフライ
エビフライ

カキフライをたのむと、他のフライは皿の上に一個、ないし二個だが、カキフライの場合は五個か六個のっかってくる。

そういうわけで、他の平べったい連中と皿の上の景色が違う。

数の多いのが嬉しい。

それに面白いのは、カキフライは皿の上にきちんと並べない。

特に定食屋などでは、皿の上にゴロゴロうっちゃらかしてある。

こういうとこもなんだか

楽しいな。

ではここで、いま出来たてのカキフライを食べてみることにしましょう。

カキフライを一個、箸ではさんで口のところへ持っていっていま口を開けたところなんですが、いいですか、ここのところも他のフライものと違ってくる。

口の開け方が違う。

背が高いから、他のフライものより大きく口を開けることになる。

ここから先も違ってくる。

他のフライものなら、そこから一気にパクッと口の中に放りこむのだが、カキフライの場合は、口を開けて一個の半分ぐらいが口の中に入ったところで一瞬動きが止まる。

間《ま》があるわけですね。

「構え！」というのかな、「ｇｏ！」の前の構え。

この間《ま》、何の間《ま》だと思います？

トンカツを例にとってみましょう。

トンカツの一片のコロモの中はみっしりしている。

みっしりしているのはわかっているからそのつもりで噛む。

わかっているから「構え！」が要らない。

一方、カキフライの中はみっしりしていない。

噛んだらぐっちゃりつぶれることがわかっている。

つぶれることはわかっているのだが、ではどのぐらいの柔らかさでつぶれるのか。

このフライはカツじゃないよ、アジじゃないよ、カキだよ、だから柔らかいよ、ぐっちゃりだよ、と、自分に言いきかせ、噛む強さを微調整している時間、それが世に名高い〝口を開けてからカキフライを噛む前の間《ま》〟なのです。

ここで問題なのは、カキフライの〝ぐっちゃり〟です。

いまここに「日本語オノマトペ辞典」（小学館）があるので、ぐっちゃりのところをひいてみると、

「水けを含んだやわらかいものがつぶれたり、ねばついてきたないさま」

と出ている。

この編者は、ぐっちゃりに好感を持ってないことがよくわかる。

むしろ不快感に近いものを持っている。

それなのにカキフライはおいしい。

ぐっちゃりがおいしいのだ。

ここから先はわたくしの考察です。

ぐっちゃりの正体はカキの内臓です。

カキはほとんど内臓だけでできているといってよい。

ということはぐっちゃりのおいしさはカキの内臓のおいしさということになる。

いまここに『魚貝の図鑑』（小学館）というのがあるので、貝の項目のところを見てみると、貝はああ見えても、胃、心臓、腸、肝臓などがちゃんとあるという。

焼きとんの店の「ハツ」「シロ」「ガツ」といったものが取り揃えてあるわけですね。

カキを一個食べるということは、極小とはいえ「ハツ」「シロ」「ガツ」などをいっぺんに口の中に入れて食べることになるわけで、おいしくないわけがない。

その上カキには豚にはない貝柱がある。

カキの貝柱は大きく、内臓とはまた違った食感でカキの味の向上に大きく貢献している。

という話はさておいて、話をぐっちゃりに戻しましょう。

カキフライを嚙むと確かにぐっちゃりとなるが、その前に「サクッ」があることを思い出してください。

そうです、「サクッ」として「カラッ」としたコロモ。

このコロモがカキ全体を覆っていて、いったんぐっちゃりを遮断する。

カキフライを嚙んでいって、おっ、サクッだな、カラッだな、と思わせておいて、そのどさくさにまぎれてぐっちゃりを送りこむ。

まぎれこませてしまえばもうしめたもの、コロモだかぐっちゃりだかはわからないが、〝内臓のおいしさ〟だけはしっかりわかる。

カキのフライはあるがカキの天ぷらはない。あるのかもしれないがあまり見かけない。

天ぷらのコロモでは薄すぎて、ぐっちゃりを遮断しきれないから、というのがわたくしの考察なのだが、この考察、あんまり意味がなかったかな。

雪見酒の法則

「そうだ、京都行こう」

は、いかにも唐突である。

はた迷惑である。

勝手な言い分で対応に困る。

「そうだ」がよくない。

どういう経過を経て「そうだ」に至ったのか、そこのところの説明が一切ない。

そんなことを急に言われれば誰だって困るし、第一、誰がそう言ってるのかもわからない。

「そうだ、雪見酒しよう」

こっちのほうはどうか。

これを言った人はわかっている。

ぼくが言った。

「そうだ」に至ったいきさつもはっきりしている。

そのとき雪が降っていたのだ。

先々週、東京でも雪が降りましたね。

そのときぼくは仕事場にいて、降りしきる雪を見ていた。

仕事も一区切りつけたところで、ベランダ越しの雪景色をぼんやり見ていた。

そのとき、

「そうだ、雪見酒しよう」

と思った。

どうです、論理に一点の破綻もないではありませんか。

雪見酒はどういうことをするのか。

雪見酒、と言うからには、それなりの方式と格式があるはず。

雪見酒は、後嵯峨上皇の時代にも行

われており、そのころには湖に舟を出して、舟上で雪見の宴が催されたという。

キッチンのテーブルにすわって、鰯の丸干しかなんかかじりながらの雪見酒というわけにはいかないようだ。

「そうだ、コタツ出そう」

そう思った。

舟を出すのは大げさ過ぎるからせめてコタツを出す。

もう長いこと使ってないが、押し入れにコタツがしまってあるはず。

押し入れの中からコタツ一式を取り出し、ネジ式の足を四本、四隅にねじ込み、コタツ布団をかけてその上にコタツ板をのせる。

酒は当然熱燗。

酒のつまみはどうするか。

何しろ典雅、高尚の世界であるから、激辛キムチのヒーヒーは避けたい。

ヒーヒー騒ぎながらの雪見酒は見苦しい。

焼き肉の身辺多忙も避けたい。

「そうだ、鯖の味噌煮缶出そう」

押し入れに鯖の味噌煮缶がしまってあるはず。

鰯の丸干しよりは鯖缶のほうがはるかに品がある。

電子レンジでお酒をチン。

鯖缶をキコキコ。

コタツの温度「強」。

コタツ板の上に熱燗と鯖缶と箸。

そうだ 京都行こう
そうだ 京都やめて 長野行こう
そうだ どこへも行かず 家で寝てよう

とりあえずすわる。

すわってベランダ越しの雪景色を見る。

わが仕事場はマンションの11階にあり、南は世田谷区、東は新宿の上空あたり、西は吉祥寺のビル群まで眺望がきく。

このときの雪はかなりの大雪で、全景色、全まっ白。窓で四角く区切られて見える雪景色は、上半分が鉛色の空、下半分が純白の雪。

熱燗をグビリと飲んで再び目を雪景色へ。いま、この大空間にあるものは、鉛色の空とその下の降り積もった雪と空から降ってきつつある雪のみ。

そして、動くものといえば降りつつある雪のみ。

雪の乱舞のみ。

この日、風やや強く、見渡すかぎり、幾百万、幾千万の雪が、風の吹くまま、右へ飛び去り、左へ吹き飛ばされ、上に吹き上がり、下に押し流され、もつれ合って引き離され、大乱舞、大混乱、雪たちがこれだけの激動を繰り広げているのにあたりは全くの無音。

ただしんしん。

これがもし雨ならば、どんな小雨であっても雨音が聞こえてくるはず。

軒からのポタポタも聞こえてくるはず。

大雨ならザーザーとなるはず。

それなのに、雪の場合はどんな大雪でも音がしない。

ただ、沈々。

しんしん、ちんちんの中で酒を飲む。

うん、雪見酒なかなかけっこう。

花見酒というのもあるが、こちらは大騒ぎの中で飲む。

雪見酒は静謐《せいひつ》を友として飲む。

最初のうちは雪景色を眺め、向きなおって酒を飲み、また向きなおって雪景色を眺め、また向きなおって鯖缶をつまみ、ということを繰り返していたのだが、そのうち疑問がわいてくるのだった。

雪景色というものは、そう変化があるものではない。

極端に言うと、何回見ても同じである。

降ってくる雪の降り具合も、それほど変化に富むものではない。

極端に言うと、さっき見たのと同じ降り方で降っている。

頻度をどのようにすべきか、という疑問がわいてきたのです。

そのとき、だいぶ前に見たアフリカの野生動物のテレビ番組を思い出した。

ブッシュバックという鹿によく似た草食動物が出てくる。

ブッシュバックはしばしばライオンや豹に襲われて食べられてしまう役割だ。

ブッシュバックは首を下げて草を約五秒間食べる。

五秒食べるとさっと首を上げて周りを見回す。

見回してまた五秒間草を食べる。

五秒の法則で身を守っているのだ。

ブッシュバックを見習って五秒ずつでいくことにした。

やってみると、この五秒ずつ、雪見酒にもぴったりであることがわかったのでした。

茶碗蒸しの正しい食べ方

松茸の土瓶蒸しについて語る人は多いが、同じ蒸し仲間の茶碗蒸しについて語る人は少ない。

「週刊朝日」の二〇〇四年十月二十二日号で「マッタケ土瓶蒸しのこれが正しい食べ方」という特集があったが、「茶碗蒸しの正しい食べ方」を取りあげることは、これから先もまずないと思う。

誰も語ってあげないから、ぼくが語ってあげることにする。

内容は大体似ているのである。

松茸を別にすれば、ギンナン、三つ葉、椎茸、白身魚……。

専用の容器がある、というところも似ている。

その専用の容器は、他の料理に使うことができない、という点も似ている。

ただし、松茸に比肩しうる大物がいない。

いない代わりに、入れるべき具は多彩である。

ギンナン、三つ葉、椎茸、白身魚、鶏肉、カマボコ、エビ、百合根、カニも参加することがある。そしてあのニョロニョロ、ビラビラ、アツアツ、トロトロのツユ。

スプーンですくえばビラビラと口の中に入ってくる卵の小片と分離したツユ。

豆腐の小片と似ていてさにあらず、決してツユの味を含まない卵の小片は、いっしょに口に含んでもきちんとツユと卵を味わい分けることができる。

あ、いまツユだな、いま

卵だな、と、はっきりわかり、ツユのダシ加減、卵の火加減さえよくわかる。

茶碗蒸しのおいしさは、まさにこの微妙なアツアツ、トロトロのところにある。

この加減はかなりの技術を必要とするらしい。

だから若い娘さんが得意料理は何かと訊かれて、

「茶碗蒸しです」

などと言おうものなら、

「まあ、すごい。あれって火加減が難しいし、卵とおダシの割合も微妙で、ヘタするとすぐスが立っちゃうし、必ず失敗するのよね」

ということになって、よくできたお嬢さんね、と即お見合いをすすめられることになる。

だが、その娘さんの言うところの茶碗蒸しは、スーパーで売ってる、レンジでチンするチンもののことで、あとでそのことがわかってお見合いの話は即中止になった。という話を聞いたことがあるような気がする。

松茸の土瓶蒸しはおじさんに大人気だが、茶碗蒸しのほうはあまり好まれない。

太田和彦さんの『新精選　東京の居酒屋』（草思社）という本には、東京の居酒屋の名店五十三軒のメニューが網羅されているのだが、茶碗蒸しをメニューに載せている店はほとんどない。

ところが、旅館などの宴会メニューには、必ずと言っていいほど茶碗蒸しが参加している。

おじさんは、ふだん食べつけないものとの対応をこのとき迫られる。

さあ、どう対応したらいいのか。

具には一切関心がなく、単なるスープとしてひたすらすくって食べているおじさん

松茸の土瓶蒸しと張り合うわけではないが、「茶碗蒸しの正しい食べ方」を考えて、対応の一助としたい。

おじさん、旅館の宴会の細長い座卓の一隅にすわる。

おじさん、料理のわが領域を見渡す。

おじさん、右上方に茶碗蒸し発見。

茶碗蒸しは温かいうちがおいしいのだが、おじさん、茶碗蒸しあとまわし。すなわち温存。

あれこれあって、おじさん、ようやく茶碗蒸しに取りかからんとす。

とりあえずフタを取りましょう。

フタを取って眺める。

茶碗蒸しは、白骨温泉と同様白濁しているのがウリなので、どんな具が入っているのか定かでない。表面にわずかに緑色のものがあり、これは三つ葉らしいということがわかる程度だ。

ここでスプーンを取り上げる。

茶碗蒸しはスプーンも専用のもので木製の小じゃれたものだ。

内容を確かめるため、スプーンで底のほうから軽く掘り返そう。

二度、というのが正しい。

軽く固まっている卵をこまかく崩したくないからだ。

茶碗蒸しの卵は、なるべく大きめの固まりをニョロリと吸いこむのがおいしい。

二度の掻き回しで、大体の内容物が判明する。

内容の確認が終わったら、ここでスプーンで一口、すすりこむ。

ダシはどうか、卵のトロトロ加減はどうか。

わからなくてもいいから軽く頷こう。

頷いたらスプーンを箸に持ち替える。

一口めはギンナンというのが正しい。

老眼の人は、ここで老眼鏡を取り出してかけよう。ギンナンを箸の先で確保するためである。

なぜ最初はギンナンなのか。

ギンナンが残っていると茶碗蒸しに取りかかっている間中ずっと気になるからだ。

早目に食べてラクになっておく、というのが正しい態度だ。

このように一つ一つつまみあげて、これは何か、ということを確認しよう。

百合根なら百合根だ、ということがわかった時点で軽く頷こう。ハゲシク頷く、というのはよくないと思う。

冷めてるのをいいことに、フタを取ったらいきなり顔をあげていっぺんにズルズルすすりこむ、というのだけはやめてください。

グリンピース、コロコロ

カツ丼の出前を取る。

出前だから丼はフタ付きである。

で、フタを取る。

するとカツが現れる。

おいしそうなカツ、表面がトゲでびっしり覆われているカツ、予想していたとおりのカツがそこにある。

デワデワとカツの一切れを取り上げ、急いで嚙み、急いでゴハンを追わせる。

別の日、別の店でカツ丼の出前を取る。

出前だから丼はフタ付きである。

で、フタを取る。

するとカツが現れる。

と、そのカツの上にグリンピースが六個散らしてある。

まん丸くて、コロコロしていて、緑色で、いまにも転がりそうなものが、無造作に六つ。

見たとたん、心がホッコリする。ホッコリというのは、ホッとしてニッコリすることである。

グリンピースがのっかっているカツ丼とのっかっていないカツ丼。

この違いは大きい。

グリンピースがのっかっていないカツ丼は実務に近い食事になるが、のっかっているほうのカツ丼は急に遊び心が生まれる。

カツの上の六個のグリンピースはあっちに転がり、こっちに転がり、あるものはカツの上から転がり落ちてカツとゴハンの隙間のところにはさまっている。

そうか、この一個転がり落ちてしまったか、そうか、などと思いつつ、その一個を箸でつまみあげてみんなといっしょの正規の場所に置いてやる。

ね、ほら、すでにそんなことしてるじゃないですか。

仲間からはずれてる一個に同情したじゃないですか。

そうしておいて初めてカツ丼にとりかかる。

グリンピースがないカツ丼はいきなり。

あるほうはこのオープニングセレモニー。

たった六粒が大働き。

カツ丼のみならず、グリンピースはいろんな料理に用いられる。

親子丼の上にグリンピース、チャーハンの上にグリンピース、チキンライスの上にグリンピース。

黄色の上でも、茶色の上でも、オレンジ色の上でも、緑色のグリンピースはどこでも映える。

画竜点々青。

そしてですね、グリンピースはどの料理の上にいても楽しそうなんですね。

これがたとえばグリンピースの代わりに刻みパセリ、あるいは三つ葉、カイワレ大根なんかだと、色どりとしては申し分ないが楽しそうには見えない。

どうして楽しそうかというと、とにかくまん丸、一生懸命まん丸、そんなにまん丸じゃなくてもいいんだよ、と言いたくなるほどまん丸。

そして鮮やかな緑。

元気ハツラツの緑。

ほどのよい大きさ。

あれがもし小粒の小豆ほどの小ささだったら。

空豆ほどの大きさが六個だったら、じゃまだ、どけ、ということになる。

ぼくがいつもグリンピースがのったカツ丼で感心するのは、あの散らし方。

何の考えもなく、パラパラッと散らしただけ。

これがもし懐石料理としてのカツ丼だったらどうなるか。

白衣の首のところがネクタイ、胸のところに小さく「はまむら」などの店名が書いてある店。そういう店の主人が、細くて長い箸の先でグリンピースを一粒つまみ、一粒ずつ配置を考えながらカツの上に置いていくことになる。

一粒置いて、またよ、などとつぶやいて置き直したりすることになる。

そこいくと、出前で取るカツ丼のほうは、トンカツ屋のおやじが、グリンピース入りの容器から、何の考えもなくザクッとつかみ、パラパラと散らしただけ。

散らされたグリンピースはカツの上で勝手に転がっていって勝手に止まっただけ。

それなのに、ここが大切なところなのだが、それぞれが勝手に転がっていって勝手に止まった位置が常に正解。

全回正解。

常に正位置。

トンカツ屋のおやじが毎回何の考えもなく散らしても毎回正解。

「この散らし方はちょっとなあ」

と思ったことが一度もない、という不思議。

ね、不思議でしょう。

豆たちの自在感、自由感が心地いいのかなあ。

木下利玄の短歌に、

《牡丹花《か》は
咲き定まりて静かなり
花の占めたる位置の確かさ》
というのがある。
グリンピースは
散り定まりて静かなり
豆の占めたる位置の確かさ
グリンピースは店のおやじからのメッセージでもある。

カツの名店のカツ丼はグリンピースをのせないのが多い。
ラーメンの名店のラーメンもナルトをのせない場合が多い。
ウチのカツ丼は、何しろグリンピースがのっかっているんだから、あんまり期待しても
らっちゃ困るよ、というメッセージである。
と同時に祝福のメッセージでもある。
グリンピースは、絹さや→スナップエンドウ→グリンピースという経過をたどる。
これは出世魚としての鰤《ぶり》に似ていないこともない。
ま、祝電つきのカツ丼、ということになるのかな。

盆栽と料理サンプル

いつごろからだろうか。

レストランや居酒屋チェーンなどの店頭に並んでいる料理のサンプルを、一つ一つ、じっくり眺めて歩くのが趣味になったのは。

人の趣味はそれこそ様々だが、いまだかつて、

「実は私もその趣味なんです」

と言われたことが一度もない。

街を歩いていて、そういうサンプルが目に入ると立ち止まらざるをえない。

通りの向こうに見つけた場合は道路を横断せざるをえない。

立ち止まり、料理の一つ一つをじっくり見つめる。

レストランだったら、オムライスの上に帯状にかけ渡してあるケチャップのかけ具合、ステーキの赤い切断面、居酒屋チェーンだったら串かつの揚がり具合、天ぷら盛り合わせの盛り合わせ具合を、一つ一つ、じっくり観賞する。

その様子は、盆栽好きの人が、盆栽を一つ一つ、じっくり観賞する姿に似ている。(ような気がする)

たくさん並んでいればいるほど楽しい。

賑やかであればあるほど嬉しい。

あちこち見て歩いた結果、数が豊富で賑やかなのは、大きなビアホールのショーウィンドであることがわかった。

大きなビアホールのショーウィンドはどこも広壮長大、多種多様、豪華絢爛、美味佳肴《かこう》、上下何段にも重なりあってさながら料理の雛飾り。うっとり見惚れて三歩歩まず。拱手《きょうしゅ》、讃嘆、しばし動かず。

ぼくがしばしば訪れるのは、JR新宿駅の中央東口を出たところにある「ビヤホールライオン」だ。

ここのショーケースは東京一と言ってもいいのではないか。

その横幅およそ3メートル。

いいですか、これからその中に並んでいる料理群を書きつらねていくつもりなのですが、飽きてきて途中をとばして読んだりしないように、切にお願い申しあげます。(でも、とばされちゃうんだろうなー)

「串かつ、鰊のマリネ、牛タン味噌焼き、枝豆、ゴーヤちゃんぷる、蛸の唐揚げ、牛ホルモンの鉄板焼き、アボカドと豆腐のサラダ、(この辺たぶんとばして読んでるな)、フライドポテト、スモークサーモン、下仁田コンニャクのピリ辛炒め、海老フライ、鶏の唐揚げ、鹿児島黒豚ソーセージ、チーズ盛り合わせ」、まだまだ続くのだがこの辺でやめることにするが、前後左右、上段下段、何の脈絡もなく、順不同に並べられているように見えるが、ただ一点、「ビールに合う」という共通項で結ばれている。

もし、これらの一つ一つを、たとえば串かつなら串かつを、一品につき20秒ずつ観賞したとすると、全品で20品以上あるから、ショーウィンドの前で10分以上立ちつくすことになる。

　この趣味の欠点は、このようにショーウィンドの前に立ちつくしているうちに、しらずしらず足が店の入り口に向かい、しらずしらずドアを押し、しらずしらずテーブルにすわっている自分を発見することである。

　そうしてそのテーブルであれこれ飲食したのち、ドアを押して外へ出ると、足はまたしらずしらずショーウィンドの方向に向かい、しらずしらず料理群を前にしている自分を発見することである。

　料理群を前にしながら、

「串かつもわるくはなかったが、海老フライのほうがよかったのではないか」

など、反省と悔恨のひとときを、シーハシーハしながら過ごすのもまた楽しいものなのである。

　その日も新宿の「ビヤホールライオン」のショーウィンドの前で立ちつくしているうちに、足はしら

ずしらず店内のテーブルに向かうのだった。

「生ビール（中）」

と、とりあえず注文したのち、メニューを拡げて料理の検討に入った。

「まず串かつ。鹿児島黒豚ソーセージ……枝豆……」

と検討しているうちに、どういうわけかその日に限って謀反《むほん》の気配がムラムラと胸中にわきあがってくるのだった。

これじゃあまりにいつもと同じじゃないか。マンネリズムじゃないか。その気配は次第に濃厚になっていって、謀反のムラムラは更に発展していってマチマチとなっていくのだった。（村が町に発展）

マンネリズムではない方向とはどういう方向か。

いつも「いかにビールに合うか」という基準で料理を選んでいるわけだから、「いかにビールに合わないか」という基準で選んだものでビールを飲む。

そうだ、これだ！

よしっ、と心に決めてメニューを検討しているうちに、そうだ、ここはビアホールだ、ということに気がついた。

ビアホールは、ビールに合うものばかりを選びぬいてメニューに載せているのだ。

だが諦めてはいけない。

「アボカドと豆腐のサラダ」

「鰊のマリネ」

「トマトサラダ」

この三品が選ばれた。

サラダドレッシングのかかったアボカドと豆腐を口にしたあと飲むビール。

酸っぱい鰊を噛みしめたあとに飲むビール。

トマトを口一杯に頬ばったあとに飲むビール。

つくづくまずかったです。ほとほとまいったです。串かつがしみじみ懐かしかったです。

鹿児島黒豚ソーセージが恋しかったです。

つくづく反省したとです。

特別対談

【後編】定食屋は風流です!

東海林さだお・太田和彦

さらに続く、二人のトーク。
どんぶりもののチャンピオンは何か、
ビールのつまみとゴハンのおかずの「境界線」はどこか、
そして、ひとりメシでしか体験できない「風流」とは——。
さあ、スマホを捨て定食屋に行こう！

さば味噌煮を味わえる定食屋は高級な世界のような……

太田　東海林さんは、ふだんおひとりで仕事場でお仕事をなさっているそうですね。ということは、食事も、食べに出るときはおひとりですか。

東海林　そうですね。近くに住んでる人に電話して「昼メシどう？」って都合を聞くなんて、考えただけで「まあ、やめとこう」ってなっちゃう。だから最初からメシはひとり。メシは定食屋がいちばんいいです。今でもいちばんくつろいで食事ができるのは定食屋。定食屋に何人かで来るという人は少ないですよね。大体ひとり。

太田　あの孤独感がいいですね。顔が向き合わないように、背中合わせに座って、どうしても相席になるときは斜め前に座って、その人の注文が先に来ても、のぞき込んだりしない（笑）。ましてや話しかけるなぞとんでもない。

東海林　そう。定食屋にはルールがある。定食屋といえば瓶ビールね。

太田　いちばん回数が多いのは「さば味噌煮定食」ですか。

東海林　「さば味噌煮」です、いまだに。

太田　僕は「アジフライ」派で、大好物なんです。ウスターソース、ジャボジャボかけて。

東海林　アジフライもいいですね。僕も「さば味噌煮定食」か「アジフライ定食」です。

太田　あまり迷うこともなくなります。たまに変わったものを食べてみようか、みたいなことは。

東海林　ないですね。トンカツで昼メシというのもあんまりないし。

太田　トンカツはやや大物ですしね。

東海林　でも、今どんどん少なくなってます、定食屋。

太田　そのようですね。中央線沿線はまだ多いのかな。

東海林　十年ぐらい前までは、僕の仕事場から歩いて五分ぐらいのあいだに四軒あったんですよ。西荻（西荻窪）はわりに定食屋に恵まれた地帯だったんです。

太田　定食屋でメシを食う人が大勢いるということですか。

東海林　そういうことでしょうね。孤独なサラリーマン（笑）。仲間がいない。お友だちがあんまりいない性格の人。ちょっと暗めでね。

太田　漫画週刊誌かテレビを見ながら。

東海林　定食屋というのは、味噌汁は前の日につくったようなものだし、熱心にやってないというのが基本姿勢で、お母さんはテレビドラマ見てるでしょう。お父さんは競馬新聞読みながら、ついでに料理をつくる。その味を味わうのが定食屋。大体一代ですから。今回西荻で閉店した店も、おやじさんが年とって継ぐ人がいないからなんで、定食屋の二代目の息子っていうのはいないですよ。

太田　それは味とかグルメでは語れない別世界で、僕はとても高級な世界のような気がするんです。

東海林　高級ではないけどね（笑）。

太田　そういうことを味わえる意識のありようというものは、僕は高級なことだと思うんですよ。まずければダメだけど、「味も品もふつうね」と言って蔑視するのはつまらない人じゃないかと思う。ごはんとおかずと味噌汁と……。

東海林　おしんこ。おしんこも大したおしんこじゃないんですよね。そのへんで買ってきたようなおしんこで、奈良漬けなんて高級なものは置いてない（笑）。

太田　それって風流ですね、生き方として。風流というのは、破れた天井を嘆くんじゃなくて、そこから見える月を楽しむというものだから、とても風流なことで、それがわからないようじゃいけませんね、文化人は。

東海林　定食屋は午後二時ごろに行くといちばん雰囲気がいいんです。この時間、納豆を掻き混ぜている人は俺ぐらいだろう」。

太田　東海林さんのあの名文、よかったなあ。「午後の二時。この時間、納豆を掻き混ぜている人は俺ぐらいだろう」。なんという実存的情感かと（笑）。

東海林　定食屋で納豆を掻き回している午後二時。ダレてるんですよね。おやじさんもダレてるし。

太田　それって漂泊願望ですか。零落願望？

東海林　くつろぎでしょうね。ほんとのくつろぎ。ビールも飲みたきゃ飲むし。

太田　名言が出ましたね。「くつろぎ」か。味は良いに越したことはないが、それにまさるものがある、と。

東海林　定食屋で若い女の人がひとりで、というのはまずないですね。おばちゃんはいるけど。

高倉健には、なんといってもカツ丼がよく似合う

太田　定食屋で若い女がひとりでメシ食ってるとすれば、それは山田洋次の映画の一シーンでしょうな。

東海林　「幸福の黄色いハンカチ」で、刑務所から出所直後の高倉健が、町の大衆食堂に入って「ビールとラーメン。それとカツ丼」って注文するでしょう。あれは瓶ビールじゃないとダメなんですね。健さんが生じゃダメ（笑）。それから、なんといってもカツ丼。高倉健にはカツ丼がよく似合う。

太田　「生ビールと天丼ね」じゃ軽いなと思っちゃう。

東海林　刑務所から出てきた感じがしない。その差はなんでしょうね。カツ丼が持ってる重みとか生活感ですかね。

太田　若いころの椎名誠さんじゃないけど、やっぱりどんぶりものの王者だからですよ。いちばんパワーがあり、スタミナがあり、食いでがありで。

東海林　やっぱりカツ丼は若さと活力ですね。ガツガツ食う。天丼はガツガツじゃない。

太田　天丼をガツガツ食べたら下品ですね。

東海林　天ぷらそばはどうですか。存在が曖昧ですよね。主張がよくわからない。

太田　でも、僕は立ち食いそば屋に行ったら、やっぱり天ぷらそばだな。

東海林　かき揚げそばね。春菊天とか。

太田　王道です。最初は箸でちょっと沈めて、「少し待ってね」と言って、太らせてから食べる（笑）。

東海林　あれはかき揚げじゃないとダメなんです。海老じゃおもしろみがない。すき間がいっぱいあって、つゆが染みやすいかき揚げじゃないと。

太田　立ち食いそばって絶対にひとりで行くところでしょう？

東海林　立ち食いはひとりです。たまに二人で来る人がいても、中に入ったとたんに無言になる。出てからまたしゃべる。そういう場所なんですよ。店の中でしゃべってる人、見たことない。

太田　素晴らしい世界じゃないですか。話を中止して食べることに専念する自己回帰。

東海林　いや、「専念する」なんて、そんな高級感はない（笑）。

太田　時間がないから立ち食いそば屋に入るんで、しゃべってる時間がない。食券を渡して水を取って、箸を割るころには出てきちゃいますからね。

東海林　その前に、そばかうどんかを自分で発声しないといけない。食券はうどんもそばも一緒だから、唯一の発声ですよ。それ以外は発声しない。

太田　僕は日ごろ事務所で自炊してるんですけど、取材とかで旅に出ると、お昼はもっぱら中華。町中華がいちばんですね。中華は一皿で完結して量もちょうどいい。それと糖尿病の気があるので、白いごはんは食べないようにしてるんですよ。だから中華がいちばんです。

東海林　昔、中華っていうとラーメンとどんぶりものだったけど、最近、ちゃんとした中華料理屋が多いから、中華といっても難しいですよね。昔はそのへんの食堂と変わらなかったけど。

太田　「町中華」は誰が言い始めたか知らないけど、いいネーミングだと思うな。僕は麻婆豆腐派で、はずれがない上に店の個性が出ていますよね。

東海林　麻婆豆腐はビールに合うかどうか。ギリギリのところですね。

太田　鋭いですね。僕も麻婆豆腐はビールにギリギリと思ってたんですよ。スプーンですくって口に持って行くでしょう。あの行為は酒を飲むことに合わないんですよ。それをやるとメシになっちゃって。

東海林　ああ、そうね。レンゲが参加してくると食事になっちゃう。これに酒が加わると、ちょっとおかしい。雰囲気をこわす。

太田　違和感があります。教養がない感じ。

東海林　シュウマイはどうですか。

太田　シュウマイなんぞはいいですねえ。

東海林　シュウマイはお箸。

太田　しかも六個というところがね。

東海林　レバニラ炒めは？

太田　素晴らしいものがありますね。これは許す（笑）。

東海林　ビールに合います。

太田　合います。ニラが油を浴びてテラテラと輝くのを見てると、獰猛《どうもう》の精神がよみがえってくる（笑）。このごろ昼にニラ玉をよくつくってるんですよ。ゴマ油とニラを入れて玉子かけてラー油を入れたらすぐできちゃうから。あれはエネルギー湧いてきます。

東海林　町中華のチェーン店の「日高屋」ってあるでしょう。あそこの野菜たっぷりタンメン、おいしいです。野菜がたっぷりあって。「日高屋」が今ほとんど定食屋化してるんですよ。

太田　そうですか。入ったことないな。酒もあるんですか。

東海林　あります。ひとり飲み屋化していて、半分居酒屋化してるんです。ちょい飲みの人、いっぱいいますよ。「日高屋」はおすすめです。

太田　おひとりが多いんですか。

東海林　意外と女の人が多い。おばさんが。そしてほどほどにみんなおいしい。牛丼屋はどうですか。

「向かいの人と目が合う」「視線の交錯問題は大変です」

太田　牛丼屋ってありますね。

東海林　三つありますよ。「松屋」と「吉野家」と「すき家」と。今、「すき家」がいちばん店が多い。

太田　詳しいですね。牛丼屋もよく行かれるんですか。

東海林　うん。カウンターがコの字なんですよね。向かいの人とときどき目が合う。

太田　その交わした目は連帯感ですか。

東海林　いや、敵意みたいな不思議な感じ。「見たな」とか（笑）。

太田　お互いの恥部を見合ったような感じ？

東海林　そう。「見られたな」（笑）。だからあそこではなるべく視線を合わさないようにする。敵意といったら大げさだけど、「見られた」という……。

太田　「おまえも吉野家あたりで昼メシすませちゃったのね」ということ？

東海林　そうそう。複雑だね、飲食店で目が合うというのは。

太田　視線の交錯問題は大変ですよ。

東海林　その問題があるな。すし屋なんかもそうですよね。すごく高いすし屋で、かぎ型のカウンターの対角線の客とちょっと目が合って、向こうは女連れ。

太田　こっちはひとり。そのときの心境はいかがですか。

東海林　いろんな気持ちが錯綜《さくそう》して、説明しがたいな。まず女連れというのがけしからんでしょう。「けしからん目線」ね。それから何だろう……。複雑だね、これは。

太田　高級すし屋は経験がないから、想像で言うんだけど、ひとり一万五千円として、二人で三万円になりますわね。僕は清水の舞台から飛び降りるような気持ちで行ってますから、それを見たらおもしろくはないですな（笑）。

東海林　それと嫉妬があるでしょう。

太田　向こうは「なんだ、ひとりか。寂しいやつだな」……。

東海林　悔しいじゃない（笑）。

太田　自分のことしか考えてない奴と……。僕が絶対に入らないのはコース料理の店。

自分で選べないじゃないですか。そのお店の人が考えた順番で出てきて、中には食べたくないものもあるし、主体性が向こうにあるというのが我慢できない。

東海林　よく考えてみたら、勝手な話ですよね。お客の好みとか無視して。

太田　しかも、まだ食べてるのに次のものが出てきて。

東海林　有無を言わせず。

太田　酒を飲んでると「いつまで飲んでるんですか」という顔をする。だから絶対に入らないですね、コース料理の店は。最後に出てくるアイスクリームはまったく無駄だし。

東海林　一流の天ぷら屋ってみんなコースでしょう。最初に天ぷらが出てきて、次また天ぷらが出る。また天ぷらが出る。天ぷらを食べに来たのに「もう天ぷらはいいよ」って感じ。

太田　おっしゃるとおり。だから僕は行かないです。でも天丼は大好物で、どんぶりものの最高峰は、天丼だと思う。王者はカツ丼、最高峰は天丼。

東海林　天丼はなんであんなに楽しいんでしょうね。

太田　五百円の学生天丼も、三千五百円の高級天丼も、その中間も、みんなおいしい。大したもんです、天丼って。

東海林　確かにどんぶりものの最高峰。

太田　山の手の奥さまも、「カツ丼は人前では食べられないけど、天丼ならいいわ」って。ひとりメシの最高峰は天丼とうな丼だけど、うな丼は高くて食べられなくなっちゃったから、やっぱり天丼ですね、僕は。

東海林　うな丼は最初から最後まで味が同じなんですよ。全部うなぎだし。天丼はいろいろあるでしょう。エビとか穴子とか。それに衣があるでしょう。天つゆが染みたごはんとか。

太田　まことに天丼は素晴らしい。

東海林　心が和むというか、緊張感がない。カツ丼は大物を相手にする心がまえが必要だけど。

太田　歌舞伎座の楽屋で、役者さんが出前で天丼はとってもいいけれども、カツ丼はとってもらいたくないですね。

六畳一間のころから
仕事場と家は別

太田　ところで、今でも毎日仕事場に泊まられて、ご自宅に帰られるのは週一日ぐらいですか。

東海林　週一回か二回。

太田　健康な証拠ですね。誰か付き添いがいないと体が心配ということであれば、できないわけでしょう。

東海林　それは大丈夫です。

太田　僕も東海林さんをまねて、自宅の近くに事務所を借りて、そこでずっと仕事をしていますが、これが中高年のひとり暮らし、ひとり飲みの一番の健康法だな。

東海林　僕が一番最初に仕事場を借りたのは、中野の、たしかタカハシ荘というアパートで、六畳一間、お風呂がなくて月一万五千円だった。払えるかどうかという金額でしたよ。「やっちゃえ」と思って無理して借りたんですけど、そのころから別なんです、仕事場と家は。ちょうど三十歳ぐらいのとき。

太田　サラリーマンは昼間は家にいないんだけど、会社をやめて家にいられると、妻には「ああ鬱陶しい」と言われるのが大きな問題でしょう。「どこか行ってよ」と言われたって行くところがない。居酒屋にひとりで行く勇気はない。だから自分だけの書斎を持つ。といっても自分の家の中じゃダメ。

東海林　絶対ダメですね。

太田　僕は毎晩十時かそこらに家に帰るんですが、仕事場を別にするのはとても大事なことだと。

東海林　基本ですよ。誰だったか小説家の人が書いてましたけど、ごはん食べて「ごちそうさま」と言って、隣の部屋に行って小説を書き始めるなんてあり得ないって。確かにあり得ないですよ。

太田　ほんとあり得ない。

東海林　別の人間になるんだもん、ごはん食べてる私とは。「作品ができると二階からおりてきて妻に見てもらう」っていう人がいるでしょう。あれも考えられない。

太田　考えられないですよね。なんの意味があるんでしょう。自分がやってる仕事を妻に理解してもらおうなんてまったく思わないもの。

東海林　どういう心理なんだろう。

太田　自信がないんじゃないかな。妻にタイトルを決めてもらうとか。

東海林　そうそう。同意が欲しいんだ。その程度の人か、と思うよね。

「生活が乱れていたほうがいいんじゃないかと」

「無頼派……」

太田　東海林さんの日常というのはどんな感じですか。規則正しい生活をしないといけないので、早く起きて早く仕事を済ませて……。

東海林　いや、規則正しい生活をしちゃうとたぶんよくないと思う。生活が乱れてるほうがいい仕事ができるような気がするんです。何時に起きて、何時にごはん食べて、何時に何をして……と規則正しくしちゃうと、たぶん作品もダメになっちゃうという考えなんですよ。

太田　何ゆえですか。

東海林　わかんないけど（笑）。

太田　アイデアは机に向かって湧くものではないということですか。

東海林　いや、そういうことじゃなくて、規則正しい生活をすると規則正しい作品になっちゃうんじゃないか。乱れてたほうがいいんじゃないかという考えがずっとあるんです。

太田　不規則な生活をするというのも難しくないですか。年とったら規則正しいほうがラクでしょう。

東海林　不規則な生活というのは難しいですよ。大変です。だけど、なるべくそっちへ向かうようにしている。わざと。

太田　具体的にどうなさるんですか。

東海林　まず、寝起きの時間を決めない。あるときは夜中の三時まで起きてるとか、あるときは早く寝ちゃうとか、あるときは朝の五時に起きちゃうとか。

太田　無頼派……。

東海林　今それを言おうと思ったんだ。でも、あまりにカッコよすぎるから（笑）。

太田　とても意外ですね。三島由紀夫は銀行員のように小説を書きたいと、朝九時から夕方まで文章を書いて「はい終わり」という生活をすることで、ああいう水準の作品が保たれていると思ってたんですけど、苦心されてるんですね。

東海林　仕事が好きなので、作品第一で、作品が生活の主体にしたいし、なっている。

太田　そのためにそうなったということですか。

東海林　そう。そのためにそうしたという気がする。夜型とか朝型とかいうわけでもないんですよ。とにかく前の日と違う生活をしたい。

太田　立派ですね。僕には到底できないな。型にはめられてるほうがラクだから。

東海林　そりゃラクですよ。ただ、生活に変化をつけると、頭が冴えるときがあるんです。朝四時に目がさめたりすると、頭が冴えるときがある。ふだんと違う。それがうれしい。

太田　お若いですね。そういう仕事の取り組み方が。

東海林　好きでなった商売だからでしょうね。だから楽しいですよ、仕事してて。

太田　長期連載をいくつも抱えてらっしゃいますね。

東海林　連載は、えーと、「週刊朝日」の「あれも食いたい　これも食いたい」が、今年で三十一年目とか言ってましたね。「週刊文春」（「タンマ君」）が八月で五十年。「週刊現代」（「サラリーマン専科」）も大体一緒だから五十年。

太田　五十年というのはまったくすごい。

東海林　それと「オール讀物」（「男の分別学」）は「漫画読本」時代からやってるので、あれこそ五十年どころじゃない。

太田　素晴らしいですね。ギネスブックものです。

東海林　どうなんですかね。あんまりそういうことを気にしない。週刊誌だと、入社して何年かの若い人が僕の担当になるんですよ。五十年というと、ほとんどみんな定年でいないの（笑）。もう何人もそう。死んじゃった人もいるし。

太田　そんな長期連載漫画なのに、食事や酒の場面で同僚や上司は出てきますけど、まったくと言っていいくらい主人公の家族が登場しません。

東海林　やっぱり、作者が「無頼派」だから（笑）孤独がいいのです。メシを食べるのも、ひとりが一番です。

〈構成／一木俊雄〉

第4章 煩悶編

――「メニュー選びにクヨクヨ」は、至福の時間

カレージルが足りないッ

今回のこの原稿は、全身を怒りに震わせながら書いていることを、まず読者諸賢に伝えておかなければならない。

そしてまた、この文章はぼくの血の叫びであることも伝えておかなければならない。

積年の大怨、遺恨五十年であることも伝えておかなければならない。

この原稿は４Ｂという太い鉛筆で書いているのだが、怒りのあまり鉛筆の芯が原稿用紙に深くめりこんでいることも伝えておかなければならない。

〝積年の大怨、遺恨五十年〟とは何か。

ああ、なんだか動悸が激しくなってきた。それは、

「カレーのシルが足りなーいッ。ハァハァ」

ということである。

「カレーのシルをけちるなーッ。ブチッ」

ということである。

あとでシルが不足しないよう
最初に四等分してシルも
平均にかけて
万全を
期す
青年
泣いておる
のだぞッ

「ブチッ」は、ついに鉛筆の芯が折れた音であることはいうまでもない。

カレーのシルは、本当はソースとか言うらしいが、いまは気持ちが高ぶっていて、ソースなどという軟弱な表現はできないことをお許しねがいたい。

ぼくはこの〝カレーのシルが足りない〟という恨みごとを、深く心に秘めて悶々としてきた。

悶々五十年。

ぼくはこれまで五十年間カレーを食べてきた。

その五十年の間、ただの一度だって、

「ああ、きょうはカレーのシルが充分だった。余っちゃった」

という経験がない。

いつ、どの店で食べても、カレーのシルが足りなくて足りなくて、どんなにつらい思いをしてきたことか。

カレーを注文してカレーが到着していつも思うことは、

「この少ないシルをどうやりくりして無事にこの食事を終わらせようか」

ということである。

ほんとーに足りないんだよッ、シルがッ、ブチブチッ。

カレーを食べている間中そのことばかり考えている。

最初の一口にたっぷりとシルをかけて、あー、いけない、多すぎた、と反省し、次の一口は倹約しなきゃ、と、うんと少ないシルで食べてやっぱり旨くないや、と、反省し、福神漬けで間を持たせようと福神漬けで何口か食べ、まてよ、福神漬けばかりこんなに食べちゃ、後半、本当にシルがなくなったときに困るじゃないか、と反省ばかりしている。

一口食べてはビクッ、二口食べてはビクビクッ、この飽食の時代に、不足に怯えながら食べる食事なんて、カレーぐらいのものだろーが。

カレーのシルぐらいたっぷり出せーッ。ハァハァ、ブチブチブチッ。

牛丼屋を見ろッ。

ツユダクと称してシルダブダブだろーが。

好きなだけくれるんだよ、シルを。

それなのにカレー屋はシルをけちってけちって、客が苦しんでるのにしらん顔している。

ラーメン屋なんか、客はみーんなツユが多すぎて残してんだよ。

心血をそそいで作ったツユを残されても、ラーメン屋の主人は黙って流しにそれを捨ててんだよ。
カレー屋も客が残したシルを流しに捨てるぐらいダブダブにかけてみろッ。ボキッ。（鉛筆ごと折れた音）
一食分のカレーのシルの量は、全国的にほとんど一律である。

現状のあのケチケチした量は、一体誰が決めたのか。

消費者と相談して決めたのか。

オレは聞いてないぞ。

勝手に決めたあの量で、民衆は苦しんでいるのだ。

ぼくはカレーのシルが足りてるかどうか、十人の人に訊いて回ったが、十人が十人、シルが足りないといって泣いていたのだぞ。

少なくとも現状の二倍は欲しい、と、涙をぬぐっておったのだぞ。

日本人は、上から押しつけられた制度に柔順だといわれているが、ブラジルあたりだったらとっくにシル不足暴動が起きているはずなのだ。

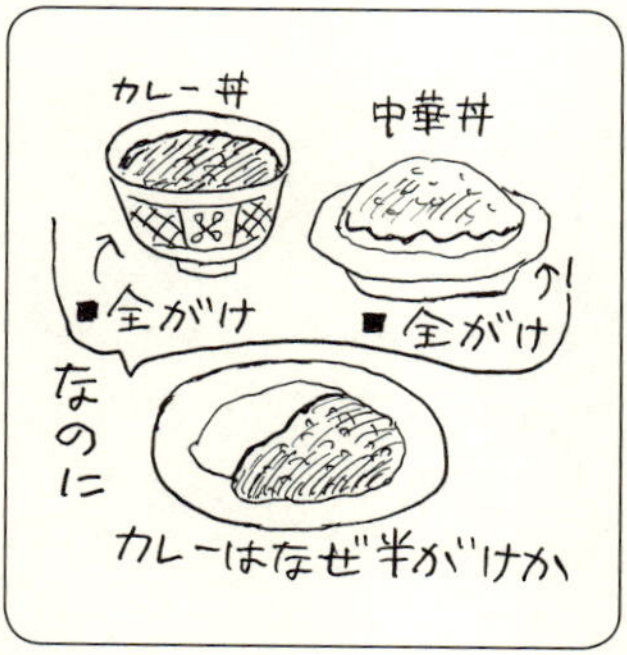

現状のカレー屋の一食分のシルの量は、具体的にどのぐらいの量なのか知っている人は少ない。
把手のついた容器にシルを別盛りにして出す店がありますね、あの中のシルの量は、大きめの蕎麦猪口一杯と同量であるということを知っている人は少ない。
カレーのシルは、シルだけで一食をまかなうおかずである。すなわち液状のおかずである。
そのおかずが蕎麦猪口一杯で足りるはずがないではないか。

ここまで読んできた読者諸賢は、改めて突きつけられたこの事実に怒りを覚えたにちがいない。

その昔、池田内閣は「所得倍増」をうたって国民の圧倒的な支持を受けた。

われわれも「カレージル倍増運動」を全国民に呼びかけようではないか。

このキャンペーンがうまくいかなかった場合は、政府に呼びかけて政令化してもらおうではないか。

国民はカレーのシル不足にあえいでいるのだ。

民衆の声なき声をすくいあげるのが政府の仕事である。

「郵政民営化」も大事かもしれないが、「カレージル二倍化」もまた全国民の血の叫びなのである。

小泉内閣のマニフェストにこれを掲げれば、支持率の上昇はまちがいないところであろう。

とナルト、ナルトは

ナルトです、問題は。

あれはいったいどういうことなんですか。

というか、どういうつもりなんですか。

ナルトが入っているラーメンがありますよね。

あれはどういうつもりで入れてるんですか。

あれを入れることにどういう意義があるんですか。

ですか、ですか、と質問攻めにしていますが、誰に向かって質問しているのか自分でもわからないのだが、強いていえば、ナルト当局ということになるんじゃないですか。

いまはラーメンにナルトを入れる店は少なくなっていて、名店といわれる店ほど入れない傾向にあるが、

「こんな名店が」

と思われる店でも頑固に入れている場合も多い。

何気なくラーメン屋に入る。ラーメンが出来上がって出てくる。

丼の中をのぞくと入ってるんですね、ナルトが。

そういうとき、あなただったらどういう思いになりますか。

「入ってたか」

このときの心境をうまく言い表すことはむずかしい。

「まいったなー」

とか、

「弱ったなー」

というのとは少し違って、

「ややこしいことになった」

といったところが、ぼくの場合の心境です。

見ればわかるがナルトは決して悪い奴じゃない。

裏表のない奴、そういう印象もある。

ひっくり返して見るとわかるが、裏も表も同じである。

ただ、ラーメンという組織の中で浮いている感じはある。

メンマもチャーシューも麺もスープも、強い必然で結ばれている。

そこへ、そうなんです、よそ者。

人間関係でいうと、次のような場面が思い浮かぶ。

同窓会が開かれている。

同窓生が群れ集う中に、どういう理由でそうなったのかわからないが、学校の校門の前にあった文房具屋の主人が交じっている。

この主人はもともと無口な人で、「いらっしゃいませ」も「ありがとうございました」もなく、終始無言で客に応対する人だった。

この日も会場の片隅でただ黙ってたたずんでいる。

「誰が呼んだんだ」

ということになってくる。

ラーメンの中のナルトも、

「誰が呼んだんだ」

という雰囲気がある。

ぼくの場合、ラーメンを食べている間、ずうっと文房具屋が気になる。

挨拶ぐらいはしたほうがいいとは思うのだが、いつ挨拶したらいいのか。

そこのところがわずらわしい。

ナルトが入っているばっかりに、ラーメンを食べ始めてから食べ終わるまで、ずっとややこしいことになっているわけです。

ナルトさえ入っていなければこういうことにはならなかった。

だから最初から入っていなかった状態にすればいい。

ラーメンが到着したら、いきなり文房具屋を片づけちゃう。

だけど、これがなかなかむずかしいんですね。

隣で見ていた人はびっくりする。

「こいつ、いきなりナルトを食った。アブナイ奴だ」

そこでたいていの人は、ナルトはそのままにして、麺から、あるいは、スープから食べ始める。

ナルトに対する選択肢は、「食べる」「食べない」の二つしかない。

ラーメンの中のナルトは赤くうず巻いていて目立つから、食べている間ずっと気になり、ずっと迷い続ける。迷いに迷ってある瞬間、エーイ、とばかりにナルトを食べてしまう。

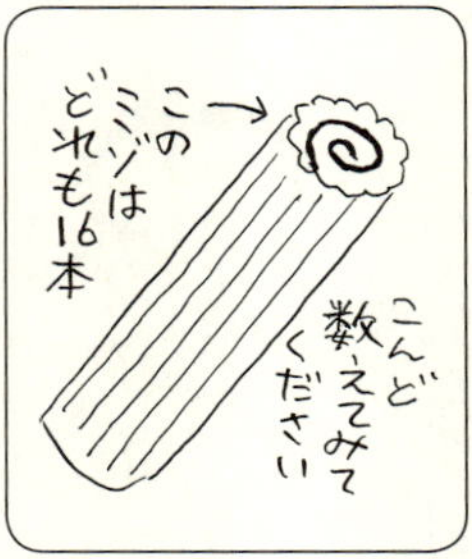
このミゾはどれも16本
こんど数えてみてください

そうすると、その後は非常にすっきりする。もうわずらわしいことは一つもないのだ。

テレビ番組の一つに、改築をテーマにした「BEFORE」「AFTER」というのがありますね。

ラーメンにもあれがあるんです。

「ナルト以前」「ナルト以後」。

「ナルト以後」は丼の中がすっきりし、快適になり、暮らしやすく、じゃなかった食べやすくなる。

ナルトに対する選択肢は、「食べる」「食べない」の二つしかないのだから、最初にこのどっちかに決めておけばいい。

ぼくの場合は、この二つの選択肢の間を行きつ、戻りつ、また行きつ、を繰り返しているから、この問題の解決にかなりのエネルギーを使ってヘトヘトになる。

ヘトヘトになって、

「半分だけ齧《かじ》る」

という手もあるな、などと選択肢を増やしたりして更にヘトヘトになる。

ナルトはふつう一枚しか入れないが、もし三枚も四枚も入れる店があったとしたらどういうことになるのだろう。

ナルトのことで頭がいっぱいになり、ナルトはグルグルうず巻いてるせいもあって頭の中もグルグルになって半狂乱になるかもしれない。

ある時、ぼくは固く決意してラーメン屋に入った。

ぜーったいにナルトは食べない、そういう決意であった。

固い決意のせいで、ナルトが丼の底に残された。

箸を置き、口を拭い、立ち上がろうとしたその時、突然、理性を失って憑かれたようにそのナルトを箸でスバヤクつかむと口に放りこんだのであった。

ナルトはほんとにややこしい。

おにぎりの憂鬱

人々はおにぎりをどのように食べているのだろうか。

最近になって、そのことがしきりに気になってきた。

どのようにというのは、ゴハンと、中心にある具を、どのように配分しながら食べているのだろうか、ということである。

ここに一膳のゴハンと塩ジャケ一切れがあるとする。

この場合は、両者を目で見ながら、一口分のゴハンにこのぐらいの量のシャケ、という配分ができる。

だがこれをおにぎりに握ってしまうと、ゴハンのほうは見えるがシャケのほうは見えなくなってしまう。

見えないシャケをどうやって配分するのか。

人々はどうやって配分しているのか。

ぼくはその配分問題でずーっと苦しんできた。

おにぎりは中心に具、周辺にゴハンという構造になっているため、最初の一口には具が含まれない。

歯の先が具のところまで届かず、ゴハンだけの一口となる。

ぼくはこれが嫌なのです。

絶対、嫌。

一口分のゴハンには適量のおかずが含まれていないと絶対に嫌。

ところがつい最近、

「おにぎりの、ゴハンだけの最初の一口も、それはそれでいいもんだよ」

という人に出会ったのです。

目からウロコ。

おかずなしのゴハンをそれなりに楽しむ、というのです。

嫌。絶対、嫌。

ぼくはそれまで、日本人の誰もが、おにぎりの〝最初の一口問題〟で苦しんできたと思っていたのです。

日本のおにぎり史は古く、「さるかに合戦」にも出てくるくらいだから、それから数えて、エート、……、とにかく五、六百年以上の歴史があるはずだ。

日本人は五、六百年以上、おにぎりの〝最初の一口おかずなし問題〟で苦しんできたのだと思っていた。

ところがどうもそうじゃないらしいのだ。

そういうことならそれでもいい。

一口目はおかずなしでもいいことにしよう。

じゃあ、この問題はどうなる？

一口目を〝それなりに楽しく〟食べ終えたとしよう。

二口目あたりから、いよいよお楽しみの〝具含有期〟に入るわけだが、ぼくにとってはここでも問題が発生するのだ。

それは〃一口分のゴハンに対する具の適量問題〃である。

最初に書いたとおり、中の具はゴハンに包まれて見えない。

したがって、一口分のゴハンに対する具の適量を選択できない。

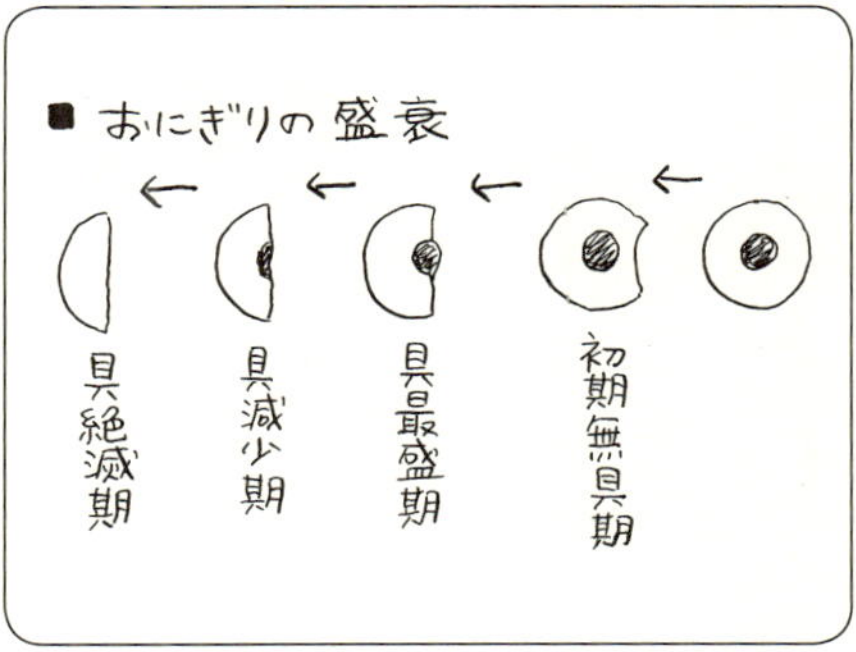

歯先を頼りに、このぐらいかな、と、まったくのあてずっぽうで具の部分をけずり取っているというのが現状ではないだろうか。

その結果、

「いまの一口はシャケの量が多過ぎた。残念」

とか、

「いまの一口はタラコの量が少な過ぎた。用心が足りなかった」

などの、一口ごとの不平不満が発生することになる。

ぼくなんか、かじる前から、

「これからの一口は、もしかしたら少な過ぎるタラコを噛み取ることになるのではないだろうか」

とおそれ、
「この一口の梅干しの量が多過ぎたらどうしよう」
と憂慮し、はたしてそのようになり、悔やみ、無念の思いとともにそれを飲みこむことになる。

具を目で見えるようにする方法もある。

二つに割って食べる食べ方である。

こうすると具が露出して、ある程度の具の配分ができる。

実際にこうやって食べている人を見かけるが、なんだかなー。

せっかくのおにぎりがなー。

どうもなんだか、いつもクヨクヨとおにぎりを食べている。

ぼくにとっておにぎりは、無念と残念と用心とおそれと後悔と憂慮の食べ物なのだ。

おにぎりは初期無具期、中期少量有具期、中心部最盛具期、中心部を過ぎてまた中期少量有具期となり、最後の具絶滅期となる。

一個の歴史は変化に富んでいるといわねばなるまい。

話は変わるが細巻きというものがありますね。

テイクアウトの寿司の店などでは、納豆巻き、干ぴょう巻き、鉄火巻きなどを一本、切らないで長いまま売っている。

あれを手に持って、はじから食べていくことを考えてください。

一口目、嚙み取れば具必ず含有。しかも適量。

二口目、嚙み取れば具必ず含有。しかも適量。

三口目、以下同文。

初期無具期もなければ最盛期もない。

無念も用心もおそれも憂慮もない。

黙々と食べていって心に乱れが生じない。

ところがある日、長い納豆巻きをはじから食べていて、そのあまりの単調さに、おにぎりのあの一喜一憂がなんだか懐かしくなった。

また別の日、塩ジャケのおにぎりを食べていて、細巻きの平穏無事も、あれはあれで悪くないな、と思うのだった。

おにぎり一個と細巻き一本の両方を手に持って、交互に食べるというのはどうでしょうか。

エビ様と私

久しぶりに天丼を食った。

最近、「天丼を食った」と書くところを「いただいた」と書く人が多くなってきたが、天丼は「食った」である。

丼物というものはかっこむものである。ガシガシと男らしく食うものである。

それなのに「いただいた」では、なんだか体をくねくね、なよなよさせながら食べているみたいで、おいどんは好かん。

天丼は「食った」でごわす。

話が脱線したが、とにかく久しぶりに天丼を食った。

いざ食べようとしたとき、ふと思ったのだが、いきなりエビにいく人って世の中にいるのだろうか。

ふつう、天丼はまずエビ、そしてイカとかキスとかアナゴ、それから野菜になってナスとかシシトウとかカボチャという構成になっている。

地位的にいうと、エビがナンバーワンで、イカ、キス、アナゴなどがナンバーツー、野菜系はその他大勢という順位になる。
ぼくの場合は、いきなり一位のエビにいくということはない。
これまでの生涯で一度もない。
最初、ナンバーツーのイカとかキスあたりを一口食べ、ゴハンを食べ、二口目でやっとエビにいくかというとそれもいかないでその他大勢の野菜にいき、ようやく三口目で、サテ、とか、デハ、とか、イヨイヨなどと、心の中でつぶやいてからエビに取りかかることになっている。

このときの心境を自己分析してみると、本当は〝いきなりエビ〟が望みなのだが、我慢してイカにいくというのではなく、食事全体の流れを考えるとこうなるのだ、と言いつつももう一つ突っこんで本心を明かせば、エビにいきたくないわけねーだろ、ということになる。

だが今回は違った。

今回は堅く決意して天丼屋に向かった。

どういう決意かというと、

「今回こそは〝いきなりエビ〟でいくぞ」

というものであった。

行きつけの「てんや」に行った。

メニューを見て「特撰天丼　620円」にした。「お新香　60円」も取った。

「てんや」のサービスにはパターンがあって、天丼にお新香を注文すると、すぐにお新香が客の前に置かれる。

それから、もうすぐ天丼ができあがるというときに味噌汁が出る。

だから客は味噌汁が出ると（間もなく天丼到着だな）と、なんとなくお尻をモジモジさせる。

ぼくの場合はいつもお新香を取るので、味噌汁が出る少し前にお新香にちょっとだけお醤油をかけておき、そのあと味噌汁がきたらお尻をモジモジさせることにしている。

「特撰天丼」到着。

揚げ油のいい匂い。からっと揚がった天ぷら本体の匂い。そして天つゆの匂い。

丼の上にはエビ、キス、インゲン（二）、ナスが折り重なるように密集している。

天丼はこの密集感がいい。所狭しがいい。

天ぷらでゴハンを食べるには、天ぷら定食という手もあるのだが、天ぷら定食のほうは天ぷらが皿の上にダラッと展開している。

ダラッとを取るか、所狭しを取るかといわれれば、文句なく所狭しを取りたい。

日本人は狭い国土に人々が密集して暮らしているの

エビだけという場合は
どうすればいいのだろう

で、密集を見ると共感を覚える。なんだか安心する。

天丼の上の天ぷらたちの密集を見ると、

「おっ、きみたちもやってるの」

と嬉しい。

その密集をよく見ると、おおっ、エビ天が二本もあるではないか。

何という幸運、エビ天が二本あるからには、もう迷わず〝いきなりエビ〟を決行することができる。〝二本〟が勇気を駆りたててくれたのだ。

箸を握りしめ、その先端を丼の上に近づけていくと、箸先はなぜかエビの上空を逸れ、次第にインゲンのほうに近づいていくのであった。

自分でも意外であった。

〝エビは二本あるのだから〟の考えは〝インゲンは二本あるのだから〟の考えに瞬時に入れ替わったのだ。

しかしこれは正解だった。

天つゆのようくしみたインゲンはとてもおいしく、天丼のスタートとしての一口めにピッタリだった。

何より本人がそれで満足していることが正解であったことを示している。

それからやっとエビに取りかかった。

太いほうをかじった。ブチリと嚙み取った。嚙んだ。コロモにしみた天つゆが香った。

やっぱり天丼はエビだ。そう思った。そのエビがきょうは二本もある。そのことが嬉しかった。男たちは泣いた……いつのまにかプロジェクトXになっているのだった。

しかし、と男は思った。

きょうこそは〝いきなりエビ〟を決行する日ではなかったのか。

男は恥じた。小心を恥じた。優柔不断が悲しかった。

何とか名誉を回復しよう、そう思った。

最初の一本をひとかじりしただけなのに、男はもう一本を取りあげてかじった。

二本同時食い、この勇気ある行動によって、名誉を回復しようと思ったのだった。

名誉はこれで回復されたのだろうか。

カツカレーの正しい食べ方

今回は「カツカレーの正しい食べ方」です。

これを読んでドキッとした人が大勢いるのではありませんか。

これまで自分は、正しい食べ方でカツカレーを食べていただろうか。自分流の食べ方で食べていたのではないだろうか。

その自分流も、毎回同じパターンがあるわけではなく、そのときどきでカツをかじったり、カレーをあちこちすくったりして食べていたのではないか。

なぜこんなテーマを持ち出してきたかというと、テーブルマナーというものがありますね。

パンにバターをつける正しいつけ方、とか、白身魚のムニエルの正しい食べ方、とか、大抵の料理にはそれぞれの〝正しい食べ方〟がある。

テーブルマナーに関する本はたくさん出ているが「カツカレーの正しい食べ方」はどの本にも載っていない。

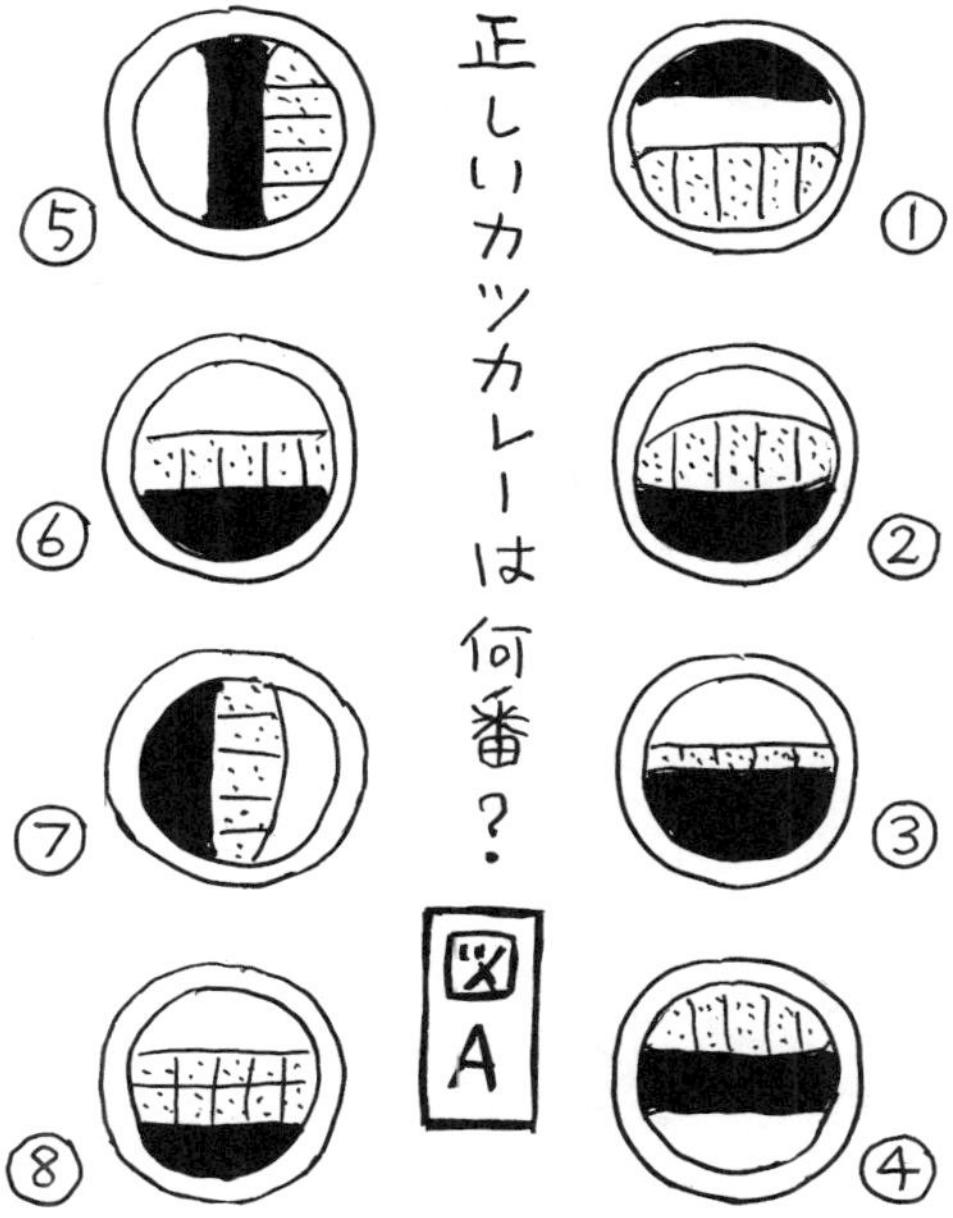

こんなことでは、もしですよ、宮中晩餐会にカツカレーが出た場合、世界各国の要人たちはどのように食べたらいいのかわからなくて大騒ぎになることが考えられる。

世界がグローバル化しつつある現在、カツカレーだっていつグローバル化するかわからないではないか。

世界各国の要人たちに「こうです」と胸を張って答えられるマナーをいまから確立しておかなければならない。

もちろんぼくも「正しい食べ方」を知っているわけではないので、読者諸賢と共に模索しつつ、一つ一つマナーを作っていこうではありませんか。

それでなくてもカツカレーは、マナーにしにくいややこしい問題をたくさん抱えこんでいるので、マナー作りは難航が予想される。

カツ全域にカレー汁をかけるべきか、下半身のみとするか。

スプーンで食べるのか、箸も併用していいのか。

カツにソースをかけてもいいのか、いけないのか。

福神漬は添えるべきなのか、添えてはいけないのか。

カツカレーを心から望んで注文しておきながら、いざカツカレーの皿が目の前に置かれると、心ときめくものがあると同時に、厄介なものを背負いこんでしまったな、これからしばらく面倒なことになるな、という心境になるのはそのためなのだ。

まず形からいきましょう。

店によっていろいろなパターンがあるが、正解は図Aの⑥です。

なぜって、いちばん形が決まってるじゃないですか。

カツはライスを枕にして上半身をあずけ、下半身のみにカレー汁がかかっている。カツは皿の上にペターッと寝ていてはいけないのです。

カツライスのときは専用の皿にペターッと寝ているが、あれは自宅だからあのようにくつろいでいてもいいのです。

カツカレーの場合はカレーの皿、つまりよそんなのだからそれなりのマナーが要求されるのです。

こういうのは
カツカレーとは
言わない。
断じて言わない!!
キャベツ

〝下半身のみカレー汁〟は、こうすると、下半身はカレー汁で濡れてしっとりとし、上半身は揚げたままのカリッとしたサクサク感が残り、二種類の食感が楽しめることになる。

スプーンのみで食べるのか、箸を併用してもいいのか。

いけません。カツカレーはスプーンのみで食べるのが正しい。理由はあとで述べます。

カツにソースをかけてもいいのか、いけないのか。

いけません。これもあとで言います。

福神漬はどうしましょう。福神漬は必ず添えてください。

この文章の冒頭のところで、「読者諸賢と共に模索しつつ」と書いておきながら、読者への相談なし、一方的に決めていくのはいかがなものか、という意見に対しては、政府の諮問委員会とかいうものも、最初に結論が出ているのに一応お伺いを立てるという形式をとるではありませんか、と言ってこれを答えとしたい。

カツカレーについて決めるべき事項はまだまだある。

カツカレーは食べているうちにだんだん興奮してくるが、興奮してもいいのか、いけないのか。

興奮しなさい。

カツカレーは、食べつつも検討しなければならないことが余りに多い。

カレーだけならば、スプーンですくっては口に運び、すくっては口に運べばいいが、カツカレーの場合は、そろそろカツをかじってやらなくちゃ、とか、このへんでうんとカレー汁をまぶしたカツとそれほどカレー汁をまぶしてないライスを一口食べて、エート次は、それほどカレー汁をまぶしてないカツとうんとカレー汁をまぶしたライスを食べて、なんて検討していると、だんだん頭が混乱してきて放っておいても興奮してくるものなのです。

さて最後の設問です。
カツカレーのことをどう思いつつ食べたらいいのでしょうか。
これはカレーライスである、と心の底から断じながら食べるものなのか。
あるいは、これはカツライスである、と心の底から断じながら食べるものなのか。
そこのところがみんな曖昧なんですね。
あるときはカツのほうに心が揺れ、またあるときはカレーのほうに入れ込む。
このへんで態度をはっきり決めましょう。
カツカレーはカレーである。
これで箸の問題もソースの問題も福神漬の問題も一挙に解決する。

ラーメン屋観察記

ラーメンは湯の中の麺の引き上げどきがむずかしい。

茹で過ぎもダメだし、硬過ぎてもいけない。

ラーメン屋のおやじが最も気をつかうところだ。

一玉ずつざるに入れてタイマーにまかせれば簡単だが、鍋にじかに放りこんでおやじの勘に頼るという昔ながらのやり方は、うまくいけばいいが、うまくいかない場合もある。

ラーメン屋歴三十年、性格実直、ラーメンに対する愛情豊富というおやじといえども、客としては安心しているわけにはいかない。

ラーメン屋のおやじというものは、性格実直といえどもテレビを見ながら仕事をする。

ここのところにいろいろ問題がある。

大鍋に麺を放りこみ、さっきタレを入れておいた丼に、大きなひしゃくでスープを一杯すくってあげる。

白っぽかったスープがたちまち〝ラーメンのスープの色〟になる。

ラーメン屋三十年
性格実直、ラーメンに
対する愛情豊富
この人なら
安心していて
いいのか……というと

そうしておいて、さて、という感じでテレビの画面を見上げる。

　いまの時期だと大相撲をやっている。

　午後の四時ごろだとまだ序盤で、そこそこの力士とまあまあの力士が取り組んでいる。

　ちょうどいまが麺の引き上げどきというところで、テレビの画面は、そこそこがまあまあを土俵際に追いつめる。

　まあまあが爪先立ちでこらえる、そこそこがぶり寄る、まあまあの背中反り返る、勝負あった、と、おやじがあげアミを手にしたとき、こらえていたまあまあが持ち直して土俵中央に押し返して形勢は五分と五分。

さあ、こうなると性格実直のおやじといえども麺の茹で上がりより勝負が優先する。

かくして麺は茹で過ぎとなり、その麺を、実直だったはずのおやじは別にすまなそうな気配も見せずにあげアミですくい、チャッチャッと湯切りをして丼に入れる。

大きな箸を麺の下側に突っこみ、すくい上げてまん中で折り返すような仕草をしたのち麺の表面をなでる。

麺の形を整えるためらしいのだが、多くの場合、折り返し前とほとんど変化がない。

じゃあ意味がないのかというとそうではなく、あの仕草は「これからお客さんに可愛がってもらうんだよ」と言いきかせているようにも見えてなかなか好もしいシーンだとぼくは思うな。

さあ、わが丼にスープがはられ、麺も入り、愛のなでつけも終わった。

ラーメンの作製は最終段階に立ち至ったのだ。

もうすぐ！　その思いがなんとなく体をモジモジさせ、両手で椅子のフチをつかんでガタガタさせる人もいる。

もう箸立てから箸を引き抜いたほうがいいのではないか、いや、早過ぎるのではないか、と迷うのがこの時期だ。

　これからチャーシューをのせ、メンマをのせ、海苔を立てかければ完成なのだが、チャーシューはあらかじめ切っておく店と、その都度切る店とがある。

　この店はその都度切りである。

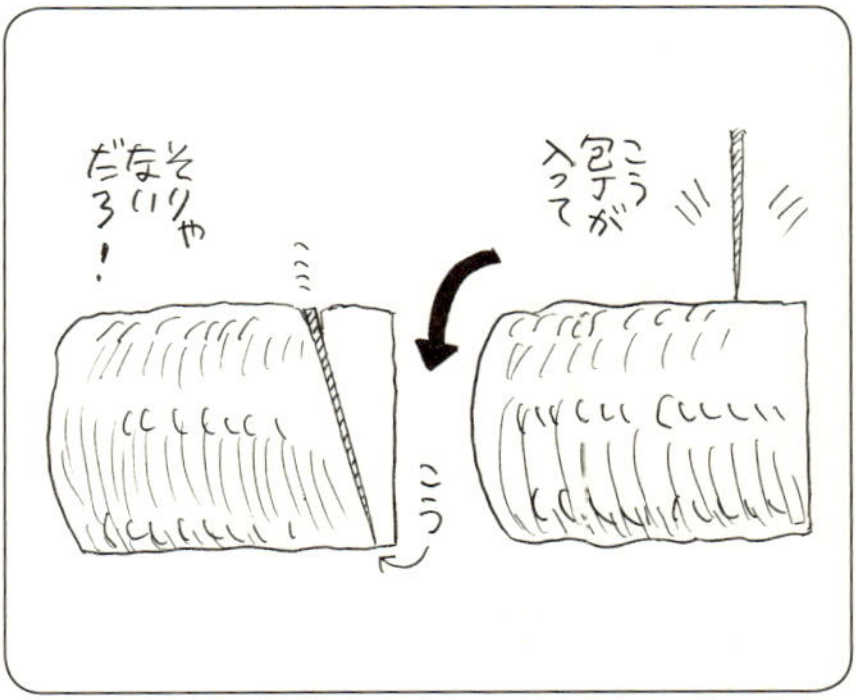

　おやじ包丁を取り上げる。左手でチャーシューを押さえる。包丁の刃先をチャーシューに当てる。その刃先、端のところから一センチの位置。おう、太っ腹。ふつうはせいぜい五ミリなのに。このおやじ良いおやじ、うん、ラーメンを愛してやまない池袋の大勝軒のおやじに似ている。
　と見ていると、チャーシューは端のほうへナナメに切られていって刃先がまな板に着いたときには端から三ミリの位置。
　なんておやじだ。とんでもないおやじだ。極悪人。大勝軒取り消し。
　極悪人はそのチャーシューを悪びれた様子もなく麺

の上にのせる。

次にメンマ。

メンマを大まかに箸ではさんで丼の上へ。

あ、一本落ちた。その落ちたやつ当然拾ってのせるんだろ。あ、拾わない。拾わないでいまは海苔に取りかかってる。そこに落ちてるそのメンマ、おれのメンマなんだよ。ほんとにもう悪行の数々。あ、いまメンマを拾った。なんだ、そうだったのか。あとで拾ってのせるつもりだったのか。このおやじ良いおやじ。大勝軒。あ、拾

ったメンマ容器のほうへ戻した。大勝軒再取り消し。
まさに一喜一憂、おやじの一挙一動に、カウンターから伸び上がったり、腰を落としたり、目が三角になったと思ったら急に目尻が下がったり、こんなにも喜怒哀楽がいっぺんにやってくる場面は人生の中でもめったにあるものではない。芝居を観に行っても、こんなにも血湧き肉躍る思いをすることはないのではないか。
おやじにしても、まさか自分がこんなにも観客を感動と落胆の嵐に巻きこんでいるとは知るよしもないことなのだ。

おやじにしてみれば、箸でつかんだメンマが一本か二本落ちるのは毎度のことで、それも勘定に入れて大づかみにつかんでいるわけで、落ちたメンマの所有権がどちらにあるのかなどいちいち考えているわけではないのだ。

チャーシューにしたって、最初のほうを厚く切り過ぎたので後半で加減したに過ぎないのだ。

考えてみれば、チャーシューの厚さで人格を判断するというのはもともと無理がある。

などと、店を出てシーハシーハしつつ反省するのだが、また次に行ったときも同じ経過をたどるのはどうしたことか。

海鮮丼の悲劇

丼物は掻っこむことになっている。

丼を抱えてワシワシと掻っこむ。

親子丼なんか、メシのところがツユでゆるんでいるから、丼をななめにして掻っこめば、あっというまに食べ終えてしまう。一気呵成《かせい》である。

かつ丼も、親子丼よりは少し手間どるがやはりワシワシ。

天丼も同様にワシワシ。

丼物はワシワシ、そしてテキパキ、そしてキビキビ。

ということになっているのだが、海鮮丼はどうか。

ワシワシ、テキパキ、キビキビといくだろうか。

かつ丼の場合はかつでゴハンを食べたらその次もかつでゴハン、天丼の場合は天ぷらでゴハンを食べたら次も天ぷらでゴハン、迷いがない。迷いがないからテキパキ食べられる。

海鮮丼はそうはいかない。

次々に迷いの主が現れる。迷いの主はイカでありタコであり、サーモンでありマグロであり甘エビであり鯛であり、ハマチであり鰺であり、そして嗚呼ウニであり嗚呼イクラである。

ウニとイクラにはどうしても嗚呼がつく。

丼の上は色どり華やか、配置鮮やか。

さあ、何から手をつけるか。

イカからいくか、甘エビからいくか、あるいは鰺からいくか。

いきなり嗚呼ものに手をつける人はいない。テキパキどころか最初からマゴマゴ。

「やっぱりイカからかな」

などとつぶやいて丼の中からイカを引きずり出す。

海鮮丼は、いろいろなものが折り重なるように盛ってあるので、引きずり出す、という言い方になる。

取りはずす、でもいいかな。

そうやって、いま、イカを箸で引きずり出しました。

引きずり出してお醬油をつけました。さあ、この箸の先にはさんであるイカの一片をどうしましょ。

当然イカが元あったところのゴハンと合体させて食べることになるのだが、見よ、イカが元あったところは、いましも隣からサーモンがずり下がってきてふさいでしまった。

イカの帰るところがない。

とりあえず、箸の先のイカをどこかに置き、ずり下がってきたサーモンを元の位置に戻し、そこのところのゴハンの上にイカを戻して合体させて食べる、というのが妥当な策であろう。

それには、とにもかくにもいま手にしているイカの一片を、いったんどこかに置かなければならない。

どこに置くか。

そのどこかがどこにもないではないか。丼の上の具の上に置くほか方法がない。

海鮮丼は様々な魚介が混在しているのでそこに序列が発生している。

魚の王様鯛の上に、イカごときをのせていいのか。

箸の先にイカの一片をはさんだまま窮地に陥ったのである。

窮地に陥ってその対応に苦慮しているのである。

到底ワシワシどころではない。

海鮮丼の食事をスタートさせて、すでに一分以上が経過している。

なのに、これまでにしたことは、イカの一片を箸の先にブラブラさせていることだけだ。

それでも何とか鰺に泣いてもらってその上にイカをのせさせてもらう。そうやって、ようやくイカをゴハンに合体させ、ようやく一口、ようやく飲みこ

む。

すると、ただちに、「次は何を食べるか」問題が発生する。

しばし考えてハマチに決定する。

決定したとしても、またしてもさっきイカがたどった経過を、逐一ハマチがたどることになって食事は再び渋滞する。

海鮮丼の原型は酢飯と普通のゴハンのちがいはあるが鉄火丼にある。

鉄火丼にイカを加え、タコを加え、甘エビを加え、鯛を加え、嗚呼ウニを加え、嗚呼イクラをと、のせるネタを増やしていったものが海鮮丼である。

鉄火丼の場合は、ネタとゴハンの関係が明白で、常にマグロとゴハン、次もマグロとゴハンと、それ以外の関係は一切ない。

海鮮丼になったとたん、その関係は複雑になる。

関係が複雑に入り乱れる。

鉄火丼の場合は、一切れのマグロの直下にあるゴハンが、そのマグロの所轄ということになる。

所轄を尊重し、所轄を侵さないように食べていけば何ら問題は発生しない。

海鮮丼は、この所轄問題が入り乱れている。ほとんど無政府状態といっていい。

様々な問題が発生するゆえんはすべてここにある。

本来ならば、作り手がそのことを頭に入れながら作るべきなのに、見映えだけを考えて、丼の端からネタをはみ出させ、垂れ下げさせたりする。

ネタが垂れ下がったとたん、直下問題は放擲《ほうてき》され、所轄問題もメチャメチャになる。

握り寿司を考えてみよう。

これほど所轄問題が明白な例はほかにない。

一切れのマグロの下に一握りのゴハン。完全一戸建て。

軍艦巻きに至っては、完全一戸建ての周囲を更に海苔で包囲までして、所轄問題の問題化を防ごうとしている。

残念ながら海鮮丼は雑居丼である。

雑居は往々にして悲劇を生む。

海鮮丼は〝雑居の悲劇丼〟だったのだ。

失敗する食事

間が悪くて、ついつい食事をとり損ない、ついつい午後二時になり、三時になってしまう日って、ときどきありますよね。

その日もそういうことになり、腹が減って腹が減って全身ガルルル状態。目は血走り、鼻は三郎状態（北島の）。

そうして午後四時近く、ようやく食事をとれる態勢になった。

場所は駅ビルの上のほうの飲食街。

長い通路の両側は飲食店がびっしり。

こういうガルル状態のときの、これから食べる一食に寄せる意気込みはすごい。期待もすごい。

完璧を期そうと思う。

失敗してはならぬと思う。

そう思うと、人間、大体失敗する。

空腹で頭の中が混乱している上に、逆上も加わっているから正しい判断ができるはずがないのだ。

この日も当然失敗した。

とにかく胃にガツンとくるもの、ドシンとくるものという基本方針で駅ビルの飲食街を進んで行った。

トンカツ専門店があった。まさにガツン、ドシンものである。

「とにもかくにも巨大ロースカツ」

という方針でその店のショーケースの前に立った。

「ロースカツ　1400円」というのがあった。

巨大ではないがこの店では一番大きなカツだ。

「ヨシッ。このロースカツ。と、生ビール（大）。ガルルッ」

と決断したとたん、その決断を揺るがすものを発見した。

ロースカツの隣の「エビフライとロースカツ」である。

なにしろ生ビール（大）がひかえているわけだから、エビフライはビールの最高の友である。

「ヨシッ。エビフライとロースカツと生ビール（大）。ガルルッ」

と決断したとたん、その決断を揺るがす事実を発見した。

カツが小さいのである。

エビフライのセットのほかにハンバーグとのセットもあったが、こっちもカツが小さい。

両者とも1400円という価格設定から考えると当然のことである。

これでは最初の大方針「巨大トンカツ」の夢がくずれる。

ガツン系は他にもあるはずだ。

鰻屋があった。

鰻重（上）2100円。

2100円だけあって鰻もかなり大きく、旨そうな蒲焼きが重箱いっぱいに詰めこまれている。

これなら胃にガツンときそうだ。

「ヨシッ。鰻重（上）に決めた」

と決断したものの、その決断を揺るがすものを発見してしまったのだった。

鰻重（上）の隣の、鰻重と刺身のセットである。

鰻重と酢の物のセットもあった。

心を大いに動かされ、そのセットをよくよく見ると、この鰻屋に於ても、トンカツ屋と同様の「本体を補強しようとすると本体が弱体化する」という法則が貫かれていたのである。

事ここに至って〝本体の補強〟を諦めて本体のみで勝負することにした。

残念ではあった。生ビール（大）のためにもう一品欲しかった。

そう思いつつテーブルにすわり、ふとカウンター

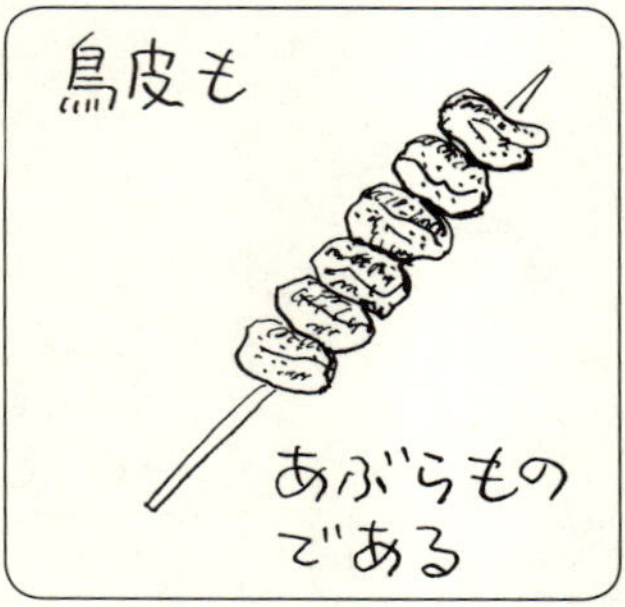

のところを見ると、「本日のおすすめ」というボードがあり、そこには「枝豆、あら煮、揚げだし豆腐、豚角煮」という文字が見える。

狂喜とはこのことである。

何の迷いもなく、注文を取りにきたオバサンに、

「鰻重（上）、枝豆、豚角煮、生（大）」

と言い終え、落ちついてテーブルの上を見るとメニューの冊子がある。

拡げて見ると、この店は鰻を主体にしているが他のメニューもたくさんある。

まぐろ刺し、たこブツ、いか刺し、天ぷら、冷や奴、板わさ……居酒屋にあるようなものは何でもある。

しまった、と思った。

こういう店で「鰻重と豚の角煮」を注文する客はいるだろうか。

鰻が〝あぶらもの〟なら豚の角煮も〝あぶらもの〟である。

両方ともギトギト系である。

そういえば、さっき、ぼくの注文を受けたあのオバサンは、厨房に注文を通したあと、もう一人のオバサンとヒソヒソ立ち話をしていた。

ヒソヒソ話の途中で、チラとこちらを見たような気がする。

ぼくのことを〝あぶらものおやじ〟というような言い方をしていたのではないか。

角煮ではなく、揚げだし豆腐のほうにすればよかったのだ。

揚げだし豆腐もあぶらものには違いないが、豚の角煮より罪は軽いかもしれない。

鰻重と角煮と枝豆と生ビール（大）がやってきた。

鰻重は期待した以上においしかった。肝吸いも本格的なものだった。

ただ、鰻を二口、三口食べたあと、豚の角煮に箸をつけ、口のところに持っていくときかなりの抵抗があった。

幾多の失敗はあったものの、とりあえず満腹し、伝票をつかんでレジに向かった。

ぼくのすぐ後ろにオバサンの四人づれが並んだ。

この店は、レジの女の子が伝票の品名を一つ一つ、大きな声で読みあげることになっているらしく、ぼくの伝票の内容を一つ一つ大きな声で読みあげるのだった。

「鰻重上、豚の角煮……」

「豚の角煮」のところで、オバサンたちの会話がピタと止まった。

第5章　郷愁編

――懐かしいもの、ヘンなもの大集合

ちらし寿司の春

昔ぼくが少年だったころ、わが家はしばしばちらし寿司をつくった。

ここでいうちらし寿司とは、刺身を酢めしの上に並べるほうではなく、雛まつりやお彼岸に家庭でつくるほうのちらし寿司である。

きょうはちらし寿司、ということになると家族全員が浮足立った。

干瓢《かんぴょう》、椎茸、人参、筍、高野豆腐を煮る匂い。酢ばすの匂い。酢めしの匂い。紅生姜の匂い。そして海苔の匂い。

ちらし寿司の思い出となると、どういうわけか布巾が登場する。

いま風のちょっと厚手のものではなく、ぺらぺらの手拭い風の布巾。

ぼくはいまでもああいう布巾を見るといーなーと思う。ちょっと興奮する。

布巾フェチというのは世の中にいるのだろうか。

子供たち一同がテーブルを取り囲む中、木の桶に炊きたての熱いゴハンが、湯気をもーもーと上げながらドサドサとあけられる。

酢が投入される。しゃもじで混ぜられる。酢の匂いが立ちのぼる。

ここで、ウチワを握っていまかいまかと待ち構えていたウチワ係にゴーサインが出る。

ウチワ係は使命感にうちふるえながら懸命にあおぐ。

このウチワは、子供たちの間で奪い合いの末に勝ち取ったものだ。

続いて様々な具が次々に投入され、湯気はいっそうもーもーと盛んになり、あおぎ手の使命感はいやがうえにも燃えあがる。

こうして激動の時代を終えたちらし寿司は、いまは静かに濡れ布巾をかけられてひっそりと食事の開始を待つことになる。

この布巾が、芝居に於けるカーテンの役割を果たす。

一同、固唾をのんで見守る中、布巾がさっと取り払われる。

ちらし寿司の上には、いつのまにか黄色い錦糸卵がふわりとのり、ピンクのでんぶが散らされ、緑のきぬさやここかしこ、紅生姜の赤鮮やかに、海苔の黒さえ点々と、集いつ散りつ紅酢ばす、弥生三月春おぼろ、雲か霞かパステルか、ちらしの上に懸かりたり……。

生前の淀川長治さんに見せたら、

「まあ、きれい！　サヨナラサヨナラ」

と去って行くにちがいないような、どことなく女性的な美しさ。

ガッツ石松さんに見せたら、

「それがどーした！」

と怒りながら去って行くような、どことなく男性には似合わない美しさ。

〝女性的〟と思わせるのは、錦糸卵が果たす役割が大きい。

黄色くて、甘くて、ふんわりしていて、のどかで、そこのところへでんぶのピンクが追いうちをかけ、丸ばかりでデザインされた酢ばすは振り袖の図柄を思わせる。

さながら春のお花畑。

淀川さんはもう一度戻ってきて、

「まあ、すてき。サヨナラサヨナラ」

とまた去って行くにちがいない。

石松さんは……ま、どうでもいいや。

椎茸の煮たの、高野豆腐の煮たの、筍の煮たのなどは、ふだんはちゃんとしたゴハンのおかずとして食べる。別々に食べる。

ちらし寿司の場合は、それらがいずれも小片となっていていっぺんに口の中に入る。

ちらし寿司の具は、このほかにもゴボウやコンニャクなども入れたりするから、ときにはこれら五種類のものがいっぺんに口の中に入ることもある。

いつもは〝白いゴハン対おかず〟を基本にしている日本人には珍しい食べ方だ。

何でも混ぜこんで食べる韓国式の食べ方ともいえる。

一口、口の中に入れると、五種類もの物が混ざりあって、何が何の味なのか確認できないが、そこがおいしい。

そこが嬉しい。

でありながら、日頃の〝白いゴハン対おかず〟の習性も捨てきれていない。

何とかして確認しようとする。

「ん？　いまの歯ざわりと味は明らかに椎茸だな」

と確認できると嬉しい。

「最初に酢ばすが来て、そこんとこへ筍参入だな」

と、にっこりする。

口の中に入れる前の、自分の皿にちらし寿司をよそう時点でも〝個別〟の概念を捨てきれない。

〝柿ピーの概念〟が導入されてしまう。

「この一口は、筍二片対高野豆腐一片でいきたい」

などと選別したりする。

「今度の一口は椎茸の濃いとこを」

などと、魚影の概念を導入したりする。

だからぼくは思うんだけど、時には韓国式、時には和式という二方式で臨むのがいいと思うな。

つまり、

「さっきの一口は確認方式（和式）だったから、こんどの一口はミックス重視味（韓国式）でいくぞ」

というふうに。

そうじゃないと、せっかくのちらし寿司が、確認につぐ確認で疲れちゃうと思うな。

ちらし寿司は〝甘いゴハン〟である。

でんぶが甘い。錦糸卵が甘い。

ふつうだと、え？　甘いゴハン？　ゴハンが甘い？　と敬遠されるものだが、ちらし寿司にかぎっては甘いゴハンがうまい。

あー、こういうゴハンもあったんだなー、と、しみじみうまい。

さつま芋二本弁当

「お弁当の代わりにさつま芋二本を持って行った」

という話をよく聞く。

疎開、という言葉といっしょによく聞く。

戦中戦後の食糧難のころ、学校へ持っていくお弁当のお米がなくて、代わりにさつま芋を二本、新聞紙に包んで持って行った、そういう時代が日本にもあった、いまの北朝鮮のような時代が日本にもあった、という話をしても、いまの子供たちには信じられないだろうが……。

さっきから人ごとのように書いているが、実はぼく自身、恥ずかしながら〝さつま芋二本少年〟だった。

戦後の一時期は、弁当箱にゴハンを詰めて来る子供は少なく、さつま芋二本はそれほど恥ずかしいことではなかった。

暮れから正月にかけて、御馳走攻めというほどではないが、ふだんよりいいものを食べる毎日が続いていて、そういうなかで、ふと、急に、さつま芋二本のことを思い出したのである。

毎日こんなに贅沢でいいのか、という気持ちがどこかにあったせいかもしれない。

あのころ、ぼくはどんな気持ちでさつま芋二本を食べていたのだろうか。

いまとなってはさっぱり思い出せない。

あれから何十年とたったいま、〝さつま芋二本の食事〟をしてみたらどんな気持ちになるのだろうか。

どういうふうに進行していくことになるのだろうか。

二本、ちゃんと完食できるのだろうか。

そうだ、体験してみよう。

JRの西荻窪の駅のすぐ近くの通りに立派な鳥居が立っていて、なぜか鳥居だけで神社はなく、その代わりというわけではないだろうが八百屋が建っている。（建っているでいいのかな）

その八百屋では一年中、さつま芋とじゃが芋をふかして売っている。

とにかくとにかく、と、その八百屋へ向かった。

店先に立つと店番がいないので、

「くださーい」

と声を掛けた。

声を掛けてふと思った。

ごく自然に「くださーい」が出たのだが、いつもなら「すみませーん」と言うはずだ。

いまは何でも「すみませーん」で用が足りるが、お店に出かけて行ったら昔は「くださーい」だった。

子供だったら「ちょーだいなー」だった。

「くださーい」が自然に出たのは、昔のことを考えながらお芋の買い出しに行ったせいかもしれない。

さつま芋一本どれでも一〇〇円。

二本買う。一本は太めのをまん中へんでナナメに切ったやつで、もう一本は長くて細いのが丸ごと一本。

テーブルの上に二本並べておく。

雰囲気を出すためにいったん新聞紙でくるむ。では……。

丸ごとのほうを取りあげて先っぽをパクリ。

モグモグ、うん、予想以上に甘いぞ、モグモグ、意外にねっとりしているな。

そうなのだ。これは焼き芋とは違うのだ。ふかし芋なのだ。焼き芋は熱した石で焼いて水分をとばし

てあるが、ふかし芋は水分を吸ってじっとりしている。

こういうさつま芋を、ぼくたちはお昼に二本、食べていたのだ。

多分冷めきっていただろう。

冷たいさつま芋を手に持って、冷えきった教室でひたすらかじっていたのだろう。

食べていて気がついたのだが、さつま芋は調味料の必要を少しも感じない。

一本の半分ぐらいまで食べて、そういえば、と気がついたくらい、その必要を感じなかった。

じゃが芋だったら、一口食べて、そういえば塩が要るな、と思うはずだし里芋もそうだ。

何しろさつま芋以外なにもない食事だから、ひたすらモクモクと食べる。

ふだんよりゆっくりゆっくり噛んでいる自分に気づく。

しかもどんどんゆっくりになっていく。

だんだん無念無想になっていく。

さつま芋は粘土状で全域が一定だから、噛む場所によって噛み心地が違うということがない。

変化がないから心もだんだん平坦になっていく。

変化のない、噛んでもあまり意味のないものを、無念無想でひたすら噛んでいる。

噛む座禅……。

ふとそんな考えが頭に浮かぶ。

芋座禅というものがあってもいいかもしれない。

子供のころは腹をすかしてさぞかしがつがつ食べたことだろう。

それがいまは禅の境地になってくるあたり、時代と年齢をつくづく考えないわけにはいかない。

さつま芋はその形も素朴だ。どこもいじってない。掘ったままの姿だ。

そこがいい。

やはり子供のころ、進駐軍が進駐してきて英会話がはやった。

英会話を日本語化して覚えるといいよ、ということになり、たとえば「いま何時ですか」は「ホワットタイムイズイットナウ」だから「掘った芋いじんでねえ」と教えられた。

「掘った芋いじんでねえ」……そのまま格言である。

懐かしの海苔だけ海苔弁

久しぶりに海苔弁を食った。

いやあ、旨かったです。

それに懐かしかったです。

そしていい匂いだったです、フタを開けたときの醬油のしみた海苔の匂い。

その昔、中学生のとき、高校生のとき、よく食ったあの海苔弁。

海苔弁だとどうしても、食った、になる。

食べた、では海苔弁の感じが出ないのです。

弁当箱にゴハンを詰め、海苔でおおって上から醬油をかけまわしただけの海苔弁。

最近のコンビニなどの海苔弁と称しているものは、海苔の上にチクワ天やシャケなんかがのっかっているが、あれは本家本元の海苔弁ではない。

許さん、ああいうのは。あっち行け。

海苔だけの海苔弁は売ってないので自分で作るよりほかはない。

何の番組で誰が言ったのか忘れたが、話の流れの中で海苔弁という言葉が出た。

　そうしたら急激かつ猛烈に海苔弁が懐かしくなった。食いたくなった。

「食ったろやないけ、こうなったら」

　と鼻息が荒くなり、

「超本格的な海苔弁を作ったろやないけ」

　言葉が荒くなったのは、青春の熱い血が体の中に甦ったからである。

　われわれはふだん、旅館の朝食で海苔が出てると、これを醤油につけてゴハンを食べる。

海苔弁もまた醤油につけた海苔でゴハンを食べる。

同じ食べ方なのに決定的な違いが一点だけある。

何だと思いますか。

時間です。時間の経過。

中高生のときの海苔弁は、朝作ったものを学校へ持って行って正午に食べる。

旅館のは作ってすぐ食べる。

朝の七時ごろ作った海苔弁を正午に食べるとなると五時間が経過していることになる。

すぐと五時間の差。

しみこむわけです、お醤油が、海苔に、ゴハンに、五時間の間に。

五時間かけて醤油が海苔とゴハンにしみこんだ海苔弁、ああ早く食ってみたい。

作るからには超本格的本家本元海苔弁にしたい。

まず弁当箱。

当時の弁当箱はアルマイトだったから、史実にのっとってそれでいこうと思った。

そう思って弁当箱を買いに行ったのだが、いまはほとんどプラスチックなんですね、タッパーウェアみたいなのばっかり。

ようやく一つだけ見つけたのだが、これもフタはプラスチックだった。

このように超本格的を目ざすと、難関が次々に立ちはだかる。

正午に食べる、五時間後に食べる、これを守るには朝の七時に弁当を作らなければならない。

海苔弁のために、わざわざ朝七時に起きなければならないことになった。

朝七時に起きて海苔とゴハンと醤油を用意する。

ゴハンは「レンジで2分」のパックめしでいくことにする。

パックめしをチンして弁当箱に詰める。

この弁当箱はかなり大きくて、パックめしが二個半入った。

熱いゴハンを弁当箱に詰め、シャモジで四隅に均《なら》すのだが、こんなどうってことないことが意外に楽しい。

二段式にするつもりなので、弁当箱半分ほどになったところで、弁当箱よりひとまわり大きく切った海苔をかぶせる。

海苔は時間の経過とともに縮むから、それを防ぐために海苔の四辺を箸で中へ押し込んでいく。こんなどうってことないことが、これまた楽しいんですね。

ここで醤油をかけまわす。

醤油は海苔の上で二、三か所にたまってしまうので、シャモジで全域に散らすように均す。

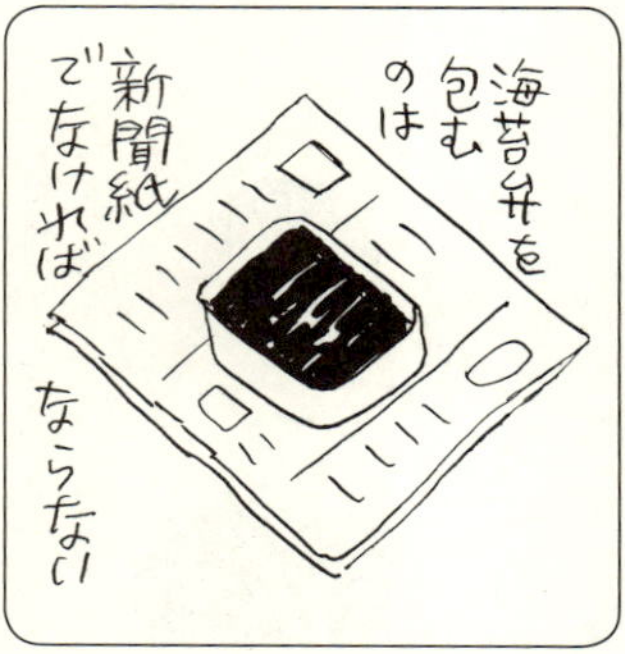
海苔弁を包むのは
新聞紙でなければならない

このどうってことないはやはりどうってことなくてそれほど楽しくないんですね。

もう一段ゴハンをのせ、海苔をかぶせ、醤油をかけまわしてフタをする。

史実にのっとり新聞紙で包む。

それを仕事場の机の脇に置く。

中高生のときはこれをカバンに入れて電車に乗るわけだから、このまま机の脇に置いておくわけにはいかない。

仕事をしながらときどき弁当箱をゆする。

お昼が待ち遠しくてならない。

正午。

きっかりに弁当箱を引き寄せる。

いよいよフタを開けるのだ。

ふつう、弁当のフタを開けるときは、「さあ、どんな弁当かな」と思うものだが、なにしろ自分で作ったのだからその全てを知っている。

でも弁当のフタを開けるのは楽しいものなのだ。

開ける。

作った通りの弁当がそこにあった。もし違っていたらコワイが、弁当箱の中は全域海苔、どこもかしこも海苔。

むせかえるような海苔の匂い、醤油の匂い、醤油のしみたゴハンの匂い。

ウーム。醤油と湯気でグズグズになった海苔がゴハンに合う。

稲荷ずしは作りたてより時間をおいたほうが旨いというが、そう、海苔とゴハンが〝ヅケ〟になっている。

一口食べ、二口食べ、さてこのへんで、と、史実にのっとって包んであった新聞をガサゴソ広げて読み始める。

え？　シャリアピンステーキ？

かつて、ステーキの肉は焼く前に必ずたたいていたのを覚えてますか？

肉たたきという専用の道具があって、それで肉をまんべんなくたたいてから焼いた。

肉たたきははんぱな道具ではなく、大工道具の金づち状のもので、全域金属製だからかなり重い。

こういうもので牛肉を隅から隅までバッチンバッチンたたいてから焼いて食べるものがステーキだった。

〝肉バッチン〟の時代というのは昭和三十年代、映画の「ＡＬＷＡＹＳ　三丁目の夕日」以降というあたりかな。

この「金づちで肉をバッチンバッチン」という光景を、頭の中に思い描いておいてくださいね。

あとでこの文章の重要なポイントになってくるはずですから。

この時代のテレビの料理番組、新聞雑誌の料理記事、料理本、いずれもテーマがステー

キのときは冒頭まずたたく、とりあえずたたく、そこからスタートすることになっていた。

「肉たたきがないときはビールビンでもいいです」

などといって、とにかくたたかせた。

なぜたたいたのか。

硬かったんですね、肉が。

あのころは、肉といえば肉のことで、極端にいうと牛肉と豚肉と鶏肉の区別があんまりなかった、というのは言い過ぎだが、牛肉ということになるとこれはもう牛肉そのもので、肩肉とか肩ロースとかヒレとかサーロインとか、そういうことを言う人は一人もいなかった。

もちろん松阪牛とか米沢牛とか言う人もいなかった。

そういうヒレとかサーロインとかの部位そのものは当時からあったはずだが、そういう部位はどこへどう消えていっちゃってたんでしょうね。

とにかく当時はそういう部位はどこかへ行っちゃって、一般大衆の食べる牛肉は硬かった。

どのあたりの部位だったんでしょうね、当時のあの肉は。

教えるほうの人も、どのあたりの部位だと思って教えてたんでしょうね。

とにかく部位についての言及一切なし。

「きょうの材料は牛肉です。この牛肉をこうしてたたいて……」

と番組は始まる。

そして、いま。

テレビのグルメ番組でステーキが出る。

若い女の子のタレントがそれをナイフでスッと切って口に入れる。

「やわらかーい」

「口の中でとろけちゃうー」

こういう肉をですよ、もしですよ、三丁目の夕日時代のあの金属の肉たたきでですよ、焼く前に隅から隅までバッチンバッチンたたいたらどうなると思います?肉たたきがない場合はビールビンでもいいです、なんていって、バッチンバッチンたたいたら、あたり一面に肉が散って、あとには何も残ってなくても、知りませんよ、ぼくは。

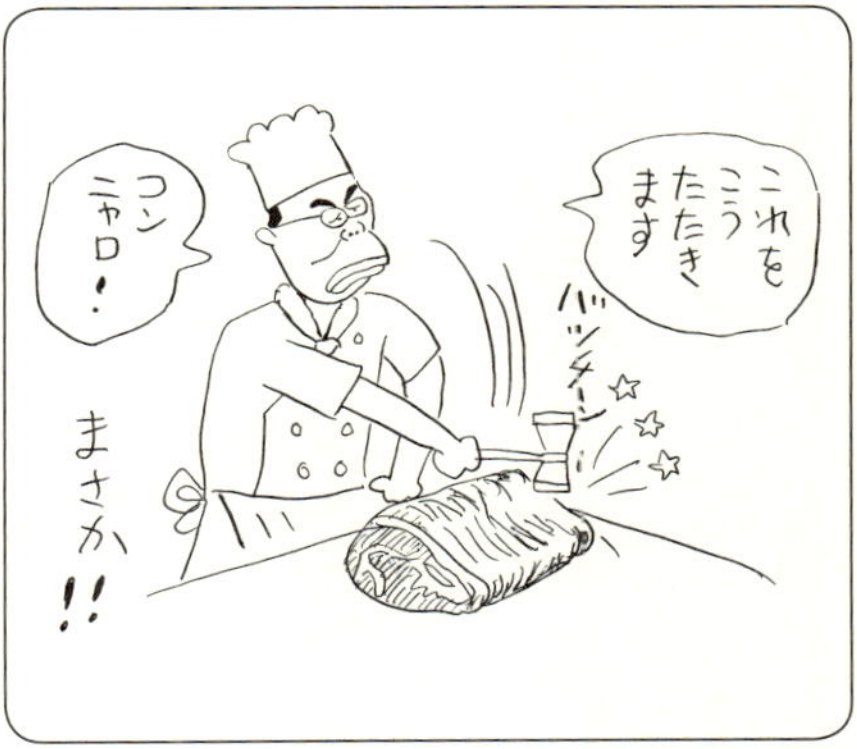

ここで急にシャリアピンステーキの話になります。

「シャリアピンステーキというものがこの世にある」

「帝国ホテルに存在する」

ということを知ったのは、昭和四十年代、ぼくが三十歳ぐらいのときだった。

たぶん獅子文六とか小島政二郎といった、食通といわれる文士たちの文章で知ったのだと思う。

シャリアピンステーキというのは、シャリアピンというロシア人のオペラ歌手が、昭和十一年に日本

に来たとき、歯痛が起き、泊まっていた帝国ホテルの料理長に、

「歯痛なので柔らかいステーキが食べたい」

と申し出、料理長は牛肉を柔らかくするには玉ネギ（玉ネギは蛋白質の分解酵素を多く含む）がいいと考え、玉ネギをおろした液に肉を漬けこみ、更にみじん切りにした玉ネギを上にのせてソテーして出したところ、シャリアピンに大いに気に入られ、以来シャリアピンステーキとして帝国ホテルの名物料理となった、というものである。

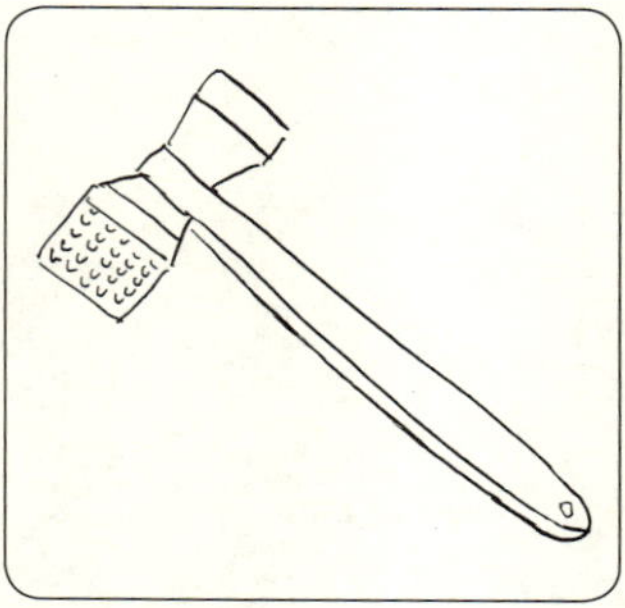

以来、なぜかこのシャリアピンステーキというものがぼくの頭に残った。最近、しきりに昭和の時代を懐かしむ風潮があるが〝昭和の中のステーキ〟、〝ステーキの神話〟というような存在で残った。

このシャリアピンステーキにまつわる逸話でどういうことがわかるか。

当時のステーキは硬かった、ということがわかる。

歯痛だと食べるのが困難、ということがわかる。

歯痛といっても、柔らかい肉なら食べられる程度の歯痛で、当時のステーキはその程度

の歯痛でも食べられない硬さだった、ということもわかる。

こうなってくると、昭和のステーキの硬さはどの程度だったのか。

当時はステーキということになると、肉が硬いからまずたたいた。

どういう肉だったのか、どういう部位だったのかはよくわからないがとりあえずたたいてから焼いた。

いまはたたかない。

口の中に入れたとたん溶けちゃうからたたかない。

シャリアピンステーキはいまも帝国ホテルのメニューに存在する。

シャリアピンステーキの料理法をフリー百科事典「ウィキペディア」で調べると次のようになっている。

「牛肉（ランプ、ヒレ、サーロインなどステーキ肉ならなんでも）は叩いて延ばし、筋切りをする」

ほうらたたいている。いまでもたたいている。ヒレでもバッチンバッチンたたいている。

知りませんよ、ぼくは。

ワカメの役柄

何も期待しないで飲む味噌汁、というものもなかなか趣がある。

ここで言う期待とは、もしかしたらいい煮干しを使っているのではないか、とか、具が凝っているんじゃないか、とか、そういう期待。

そこにあるから自然に手が出て飲む味噌汁。

その味について何か評価を加えようとしないで飲む味噌汁。

そのへんにいくらでもあるただの味噌汁。

どういう味噌汁かというと、たとえば定食屋の味噌汁、安宿の味噌汁。

こういう店や宿の主人は、当然、

「期待してもらっちゃ困るよ」

と思いつつ作っているはずで、客のほうも、

「期待なんかしてないよ」

という双方の暗黙の了解のうちに成り立っている味噌汁なのだが、かといってまるきり

手を抜いているわけではない。

味噌汁としての手続きは一応踏んでいる。

一応ダシもとっており、一番ダシとか二番ダシとかのむずかしいことは抜きだが、一応ダシというものはちゃんととっている。

ふつうの食事だと、まず味噌汁を一口すすってから食事が開始されるものだが、定食屋などのハンバーグ定食についてくる味噌汁の場合はそういうことにはならない。

味噌汁はあとまわしにして、まずハンバーグのはじっこのところをくずしてゴハンを一口ということになる。

ハンバーグでゴハンを一口食べてから味噌汁のお椀を見る。

そうすると味噌汁の表面に具らしいものが何ひとつ浮いていない。

味噌汁に期待はしていないものの、大抵の人はここで不安になる。

もしかしたら、と思う。

具なしか、と疑う。

大急ぎで箸で味噌汁をかきまわしてみる。

すると、下のほうに沈んでいたワカメの一片が大儀そうにゆっくりと浮上してくる。

ここで大抵の人は安心する。

ペラペラの小さな一片だが、いてくれさえすればそれでいい。

もともと期待してない味噌汁であるから、大量のワカメがワッといっぺんに浮上してくれなくていい。

それっとばかりに張りきって浮上してくれては困る。

面倒くさそうに、ゆっくりと浮上してくれないと困る。

かつては表面に漂っていたこともあったのだが、いまは引退して下のほうに、やる気なくひそんでいたという状況が欲しい。

話は変わるが、その昔、小学生だったころ、学校から帰ってきて、玄関で、

「ただいまー」

と言うと、いつもなら聞こえる、

「おかいりー」

という母親の声が聞こえないときがある。

すると急に不安になる。

味噌汁のお椀の中に具の姿が見えないときの不安に似ている。

大急ぎで家に上がり、障子を開けると縫いものに熱中していたらしい母親が顔を上げて、

「おかいりー」

と言う。

すると急に安心する。

このときの母親は、味噌汁のお椀の底に沈んでいたワカメである。

ワカメ
ラーメン
わたし好きですが誤解されるので食べません

ワカメがゆっくりと浮上したのである。

ペラペラの小さな一片だが、いてくれさえすればそれでいい。

そういうわけであるから、〝期待しない味噌汁〟の具はワカメでなければならない。

ゆっくりと浮上してくる、という条件を満たすにはワカメでなければならない。

それも、いいワカメでなく、ペラペラした安物のワカメのほうが浮上に趣が出る。

豆腐だったらどうなるか。

〝趣のある浮上〟は期待できないような気がする。

油揚げも同様だと思う。

じゃがいも、さといもに至っては、浮上に反抗するような気がする。

同じワカメでも、名のあるワカメ、たとえば灰干しです、とか、鳴門の荒波でもまれました、とか、肉厚です、とかのワカメは、たぶん〝重厚な浮上〟になると思う。

そういうワカメではなく、地方の名もないスーパーの棚にひっそりと並んでいるワカメのほうが、浮上に風情《ふぜい》がある。

ハンバーグ定食のゴハンを食べる合間合間に、何も期待しないで、ふと、自然に、手が出てズズーと飲む味噌汁。

一か月遅れの週刊誌のページをめくってまたズズーと飲む味噌汁。

飲んだあと、うまかった、でもなく、まずかった、でもなく、ごく自然にノドを通っていく味噌汁。

いまノドを通っていった味噌汁に、ワカメがいたような、いなかったような、そのワカメはちゃんとワカメの味がしたような、しなかったような、そういうワカメでなければならない。

食べ始めから食べ終わりまで特に何事も起こらず、波風が立たず、平穏無事に食事が終わり、満足な食事だった、とか、満足じゃなかった、とかの感慨も起こらず、静かにヨージを使ってすっかり冷めたお茶をズズーとすすり、誰に言うともなく小さな声でゴッツォーサンと言って席を立つ、そういう食事が好きなわたしにわたしはなりたい。

懐かしの喫茶店

〝タバスコの時代〟というのがあった。

かつてあった。

〝ウエハースの時代〟というものもあった。

確かにあった。

〝粉チーズの時代〟というのもあった。

細長い筒状の容器に入っていて、ポイポイと振りかけて使ったのだった。

この三つの〝時代〟は、一つの共通項でくくることができる。

喫茶店である。

いまの喫茶店ではなく、昭和三十年代から五十年代にかけての喫茶店。

当時は喫茶店の全盛時代で、特に学生街は喫茶店だらけだった。

いろんな用途の喫茶店があって、クラシック音楽を鑑賞するためのクラシック喫茶、同様のジャズ喫茶、客が全員で合唱する歌声喫茶、軽い食べ物もある軽食喫茶、そして、そ

ういう不純な喫茶じゃなくて、ウチはコーヒーで勝負してますという店は純喫茶を名乗った。

タバスコ、ウエハース、粉チーズは軽食喫茶には無くてはならないものだったのだ。

軽食喫茶は、スパゲティ、カレーライス、ピラフなどが主力メニューだった。

当時は、そのスパゲティにタバスコをかけて食べるのが粋、ということになっていた。

かけない奴は野暮という

時代だった。

タバスコ田舎に無し東京にあり、という構造で考えてもらってもいい。

すなわち、田舎もんタバスコを知らず、という時代背景であった。

こういう話は武田鉄矢氏に語ってもらうとイキイキとよみがえる。

「出にくいケチャップだなあ、と思っていっぱいかけてしまって食べられなくなったんだけど、当時はお金が無くてもったいないから無理して食べた」

「友だちといっしょに喫茶店に入って、ビチャビチャかけていたら、それ、すごく辛いよって言われて、オレ辛いの好きなんだよって言って泣きながら食べた」

ぼくも最初は〝スパゲティにタバスコ〟を知らなかったが、知ってからは、田舎から出てきたばかりの友人を選んで喫茶店につれて行き、タバスコをかけ、友人が、

「ナンダベ、ソレ?」

と目を丸くしているのを見ては得意になっていたものだった。

スパゲティにかけるものがもう一つあった。

それが粉チーズである。

スパゲティにはタバスコと粉チーズ、というのが当時の決まりだった。

一体何だったんでしょうね、あの決まりは。

スパゲティを注文した客の全員が、誰一人としてこの決まりを破らずに食べている光景を想像してください。

タバスコはこのあと、ちょっと間をおいて軽食喫茶のメニューに出現したピザにもかけるのが決まりになっていた。

この決まりもだんだんすたれていって、いまピザにタバスコをかける人は減っていると思う。いろんな人に言い寄っては嫌われている人のようで、ちょっと不憫な気がしないでもない。
しかしタバスコファンは世の中にたくさんいるようで、スーパーの棚にも必ずある。グリーンのタバスコというものもあって、こうしたタバスコたちは、どういう人たちが買っていってどういうものにかけて食べているのだろうか。
やはり同時代、喫茶店でアイスクリームを注文するとウエハースというものがついてくるのが決まりだった。

ウエハースもまた〝ナンダベもの〟であった。

ぼくの喫茶歴史の途中から登場するようになった。

初めてウエハースを見たとき、友人と二人で武田鉄矢状態になった。

どうするものなのか、全く見当がつかなかった。

「これでアイスクリームほじるだべか」

「いや、それでは折れてしまう。この上にアイスをのせて食うものでねーだか」

「そーだべ、そーだべ」

というような会話が交わされ、スプーンでアイスをほじってはウエハースの上にのせて食べた。

この〝のせる時代〟はけっこう長く続いた。

そのうち、

「アイスで冷えた口をひと休みさせるために、ときどきそのままかじるもんだと」

ということになっていったのだが、そのうちこのアイスにウエハースの決まりもすたれていった。

ああいう決まりは誰が言い出し、どのように定着していき、どういう理由ですたれていくものなのだろう。

いま昔のようなスタイルの喫茶店は少ない。

つい十年ぐらい前までは昔風の喫茶店が街のあちこちにあって、サラリーマンは昼食のあと必ずと言っていいほど喫茶店に寄ってから会社に戻ったものだった。

牛丼二八〇円がもてはやされる厳しい時代、いま昔風の喫茶店があってもそこに寄る余裕のある人は少ないはずだ。

シュガーポットに砂糖が入っていて、女性といっしょに喫茶店に入ると、それほど親しくなくても「おいくつ?」と訊いてくれ、「三つ」などと答え、熱いコーヒーカップにポチャポチャと三杯入れてもらっていた時代、ナツカシーナー。

第6章　快楽編

――ああ！　あれも、これも、ソレも食いたい！

礼讃、生卵かけごはん

日本には二種類の〝気楽めし〟があるといわれている。

一つはお茶漬け。

確かにお茶漬けは気楽に食べる。

気楽に作って気楽にズルズルって食べておしまい。

もう一つが卵かけごはん。

これも気楽に卵をごはんの上で割り、気楽にお醬油をかけ、気楽にかきまわしてズルズルって食べておしまい。

ところが、せっかくのこの気楽めしを気楽に食べない人々がいるんですね。

お茶漬けのほうはともかく、卵かけごはんのほうに大勢いる。

ズルズルって食べれば一分もかからないものを、一口食べては考えこみ、もう一口食べては憂いに沈む。

あんまり楽しそうじゃないところがこの人たちの特徴だ。

この人たちは、卵をよく混ぜない、卵と醤油をよく混ぜない、ごはんともよく混ぜない、というか、混ぜたくない、何とか最小限の混ぜ方で済ませたい、という基本方針で卵かけごはんに臨む。

このところに苦心惨憺する……わけだから、到底気楽になんか食べられない。

深刻そうに食べる。

一見楽しそうじゃないが、実は大いに楽しんでいるところもこの人たちの特徴だ。

実をいうと、ぼくもこの気楽めしを気楽じゃなく食べる一派なのです。

ここで明らかにしておきますが、ぼくら一派は卵を一つの食品とは考えない。

二つの食品であると考える。

黄身という食べ物と、白身という食べ物が、たまたま殻によってパックされていると考える。

黄身と白身は明らかに味が違う。

二つの食べ物の元の味を最後まで損なわずに食べていきたい、そう思うからこそ一口一口に時間がかかる。

上のとこ くるなよ くるなよ
と制止しようと思っても、生卵は箸なんかで制止できるものではない

卵は黄身と白身が混じってこそ卵の味だろ、などという単純思考型の人とは違うのです。

わたしはあなたとは違うんです。

ぼくの食べ方はこうです。

ごはん茶わんにごはんを盛ります。

まん中に窪地を作る。

そこへ慎重に卵を割り入れる。

決して気楽にではありません。

窪地のまん中に卵がうまくはまって外へ流れ出さないように。

そして黄身がまん中にくるように。

そうしておいてお箸の先で黄身を破る。破って押し拡げる。

その破ったところからはみ出ないように醬油をタラタラと五滴か六滴。醬油は黄身と白身のはざ間を縫うようにして沈んでいって漂う。

いいですか、ここまでのところでは黄身と白身と醬油は全然混ざり合っていません。

ここからが勝負なのです。

苦労の始まりなのです。

箸の先でほんのちょっとだけ黄身と白身の混合をはかる。

そこへほんのちょっとだけ醬油の混合をはかる。

そうすると、理想的に三者の混じり合った部分ができる。

その部分といっしょにごはんを一口かっこみたい。

皆さんご承知のことなのですが、生卵というものはニョロニョロしていてごはんの上を逃げまわる。

考えてみると、食べようとすると逃げる食べ物なんてほかにあるでしょうか。

これも皆さんご承知のことですが、生卵というものは常に全部つながっている。

だから、三者が理想的に混じり合った部分が、そのまま口に入ってくるということはまずない。

すなわち理想的でない混合比率となって口の中に入ってくる。

残念。まことに無念である。

この一口は失敗であった。

つぎの一口はやや諦め気味に、大まかな混合比率だけど、まあいいや、とかっこむ。

すると常に流動的である黄身と白身と醤油は、口に流れこんでくる瞬間、他の部分が流入してきて思いもよらぬ理想的な混合比率となって口の中に収まる。

ニンマリ。大満足。

口の中に入っても、黄身の部分の味、白身の部分の味、醤油の味とがきちんと味わい分けられる。

味わい分けたのちこれを嚙みしめれば、黄身と白身はドロリと混ぜ合わされ、醤油が混ぜ合わされ、ごはんが混ぜ合わされる。

最初から別の器で黄身と白身と醤油を泡の立つほどかき混ぜてしまった人にはこの喜びはない。

食べても食べても同じ味。

いまの一口、黄身多めだったな、醤油も多めだったけど、黄身の濃い味でうまくバランスがとれたな。

いまの一口、白身ばっかりだったけど、白身だけと醤油、意外に合うじゃないか。

煮卵かけごはん
というものもおいしいのではないか
ラーメンに入ってるやつ
ここへお醤油タラタラ

一口一口、ぜーんぶ違う味。

一口一口、ぜーんぶ一期一会。

それにしても、この一部始終をもし韓国の人がそばで見ていたらどういうことになるのだろう。

こめかみの血管は見る見るふくれあがり、怒髪は天を衝き、カツラは高く舞い上がるのではないか。

「生卵っておいしいよね」

程度のことを言っている人は認識が甘い。

「生卵ってものすごくおいしいよね」

と言う人の認識が正しい。

生卵って、イクラやウニに匹敵するぐらいおいしいものなのに人々はそのことに気づいていない。

あまりに値段が安いために、値段が評価を誤らせているのだと思う。もし値段が一個三百円になっても人々は卵を買うと思う。

生卵かけごはんを食べるために、泣く泣く三百円を払うと思う。

アー、大根千六本の味噌汁

味噌汁はふつう〝飲む〟。

味噌汁を〝噛む〟とは言わない。

味噌汁を噛む？　ナンダソレ？ということになっていくわけだが、あるんですね、噛む味噌汁が。

味噌汁をしみじみ噛んで、あー、おいしーなー、なんてみんな思っているのだが、そのことに気がつかないだけなのだ。


冷蔵庫の中に大根の切れっぱしがあった。

それと油揚げがあった。

そうだ、と思った。

そうだ、大根と油揚げの味噌汁をつくろう。

大根を千六本に切る。

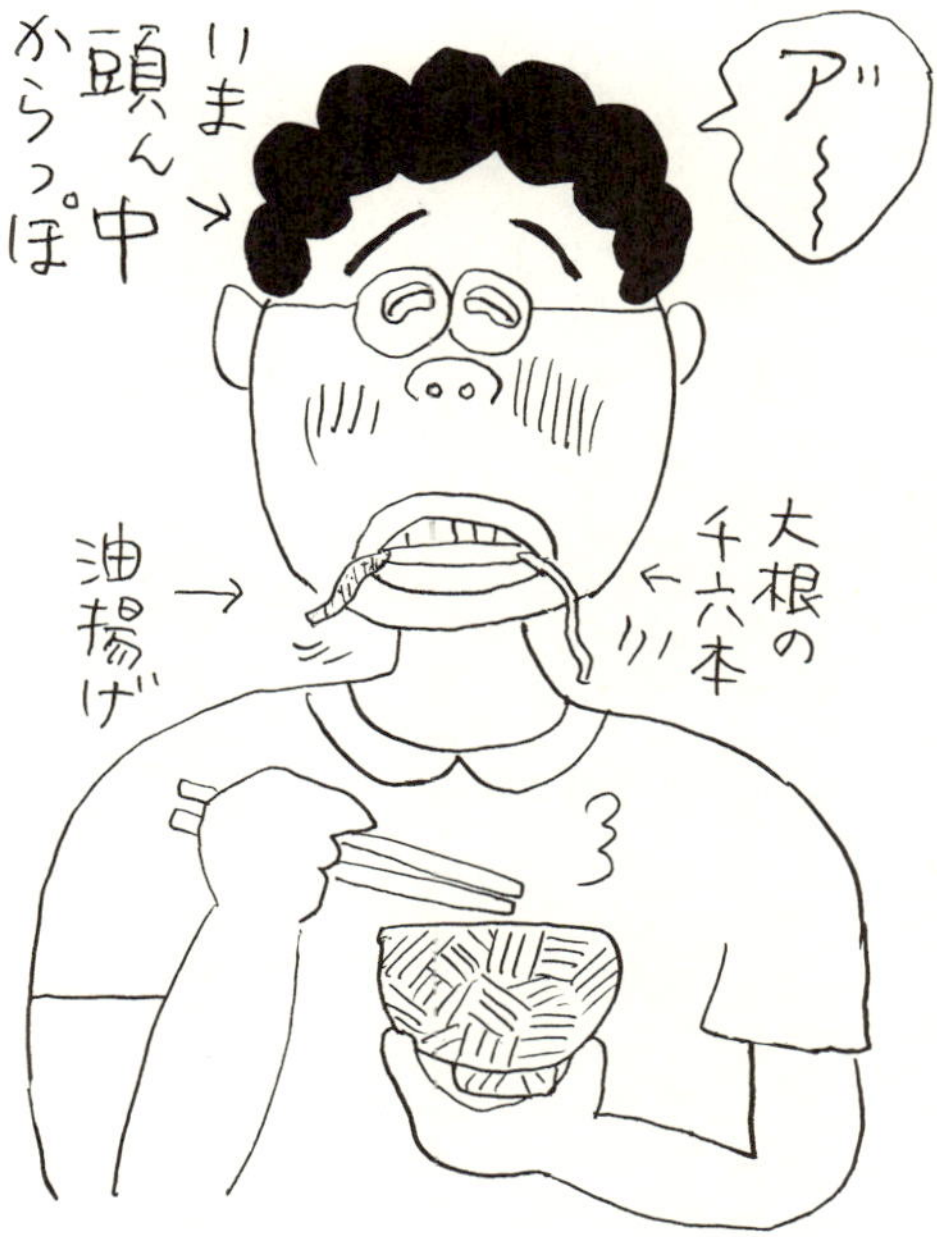

油揚げもなるべく細く切る。

出来あがった味噌汁をフーフー吹いて飲む。

忘れていた、と思った。

大根の千六本と油揚げの味噌汁のおいしさをこのところ忘れていた。

味噌汁の具の組み合わせは無数にあるが、大根の千六本と油揚げの組み合わせのおいしさは群を抜いている。

しみじみおいしい。

味噌汁にはしみじみ系とつくづく系がある。

つくづく系はたとえば豚汁で、豚汁はつくづくおいしい。

しみじみ系の代表が大根の千六本と油揚げの味噌汁。

豆腐とワカメもどちらかというとしみじみ系だが、そのしみじみ度は大根の千六本と油揚げのほうが深い。

細く切られた大根の一本一本が味噌汁色に染まっていて、一本一本に味噌汁の味がよう く滲み込んでいるところがおいしい。

もう、ほんとにおいしい。

くどいな、と思われてもいい、もう一度おいしいと言いたいくらいおいしい。

どうおいしいのか。

味噌汁の具には独立系と融合系がある。

独立系の代表はキヌサヤ。

キヌサヤの中には味噌汁は滲み込まない。

味噌汁をはじいてパキパキしている。

キヌサヤの味噌汁の場合は、まず汁を飲み、それからキヌサヤを拾いあげて別々に味わう。

大根の千六本のほうはどうか。

ね、もうおわかりでしょう、マッチの軸ほどに細く切られた大根は、その側面という側面から味噌汁が滲み込んで味噌汁で全身ずぶ濡れ、味噌汁の熱でしんなり、ぐったり。

この全身ずぶ濡れ、しんなり、ぐったりの一本を噛むとどうなるか。

そうです、そのあらゆる側面から味噌汁がにじみ出る。

二十本だとどうか。

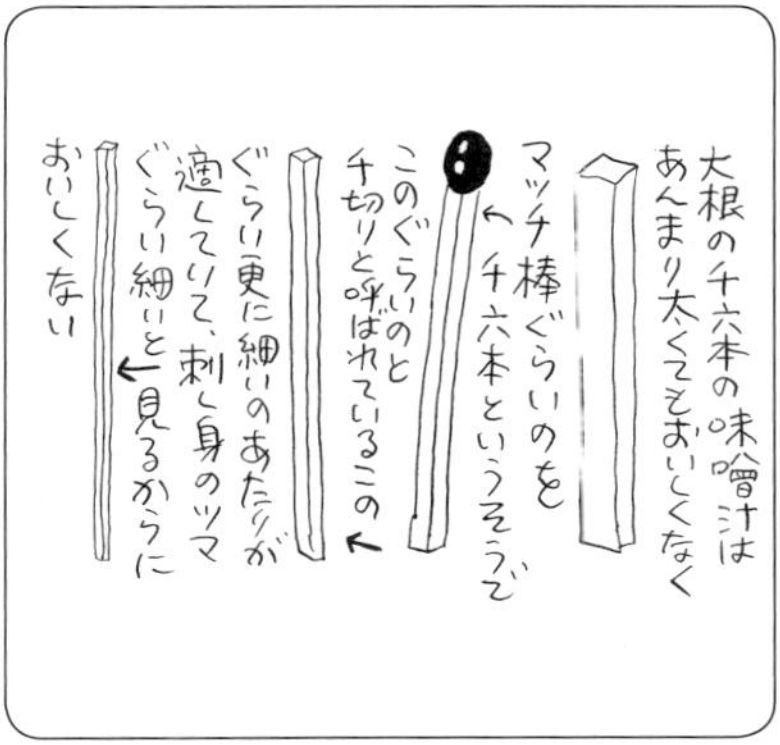
大根の千六本の味噌汁は
あんまり太くておいしくなく
マッチ棒ぐらいのを
←千六本というそうで
このぐらいのと
千切りと呼ばれているこの
←
ぐらい更に細いのあたりが
適していて、刺し身のツマ
ぐらい細いと←見るからに
おいしくない

そうです、二十本の細い大根のあらゆる側面から味噌汁がにじみ出る。

いっせいににじみ出る。大量ににじみ出る。

このにじみ出てきた味噌汁は元の味噌汁に非ず、大根の甘い味がのりうつった味噌汁となっている。

大根の千六本の味噌汁の椀の中には大量の大根が浮遊し、汁と大根は混然一体となって区別がつかない。もはやキヌサヤのように単独で取り出すことはできない。

汁と具を区別するヒマもあらばこそ、いっしょに飲み込む、いっしょに噛む。

噛むが主体で、そのあいまあいまに汁がノドの奥に自然に流れ込む。

どうです、味噌汁を噛んでいるでしょう。噛む味噌汁になっているでしょう。

細長い一本のときでさえ、大根の繊維は無数に、縦横無尽にからみ合っている。

それが二十本。

二十本ともなればその密度濃く、層厚く、口の中一杯になってるのをいっぺんに噛んだときのザクザク、ときにはサクサク、ときにはシャクシャク、そのたびに厚い層からにじみ出てくる大根の味を含んだ大量の味噌汁。

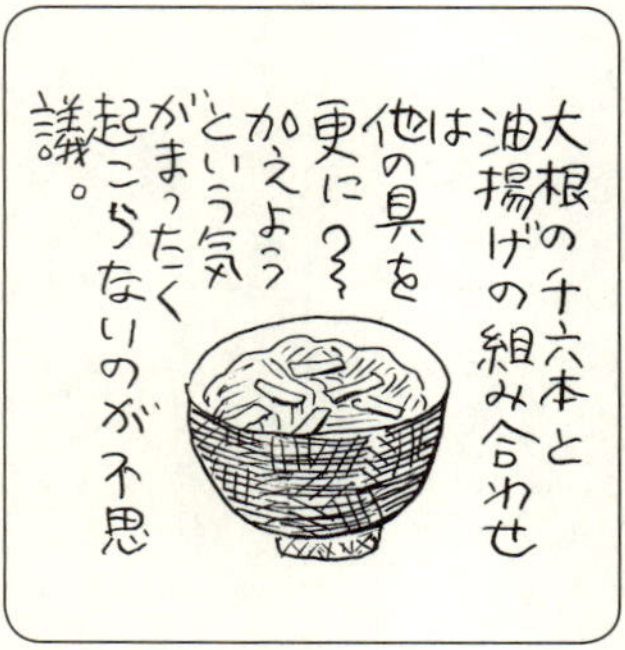
大根の千六本と油揚げの組み合わせは他の具を更にかえようという気がまったく起こらないのが不思議。

もうこれだけで充分おいしく、充分満足なのだが、ここんとこへもし油揚げが参入してきたら更にどんなにかおいしくなるだろうなんて思っていると本当に参入してくるんだからたまったもんじゃありません。

ジャキジャキがじかに歯に当たって心地よいところへもってきて、そのジャキジャキをちょっと遮って油揚げのムニュムニュが加わる、油揚げの油が加わる、この油がまたほど

よく大根に滲み込んでいて、大根の千六本と油揚げの味噌汁を噛んでいると、いっとき頭の中がうっとりとからっぽになるときがある。

油揚げは味噌汁界の媒酌人と言われるだけあって、大根と味噌汁両者のとりなし方は見事だ。

大根の千六本と油揚げの味噌汁を口の中で味わっていると、ときとして油揚げの味が優勢になることがあるが、そういうときの油揚げの身の引き方は見事だ。

一瞬のあと、もう油揚げはどこかに退いている。

ぼくはときどき大根の千六本をわざとたくさん入れ、あとでこの一部を引き上げて小鉢に盛って酒のさかなにすることがある。

〝大根の千六本と油揚げの煮びたし〟みたいなことになって酒に合う。

ここでふと思いついたのだが、大根の千六本をおでんに用いるというのはどうだろう。

味噌汁が合うのだから、おでんのつゆも合うにちがいない。

もちろん千六本のままおでんの鍋に入れたのでは散らばって収拾がつかなくなる。

そこで登場するのがまたしても油揚げです。

油揚げの袋の中に大根の千六本がぎっしり。

水炊き、たまらんがや

水炊きは語られることの少ない鍋物である。

すきやきやおでんは語られることが多い。

すきやきだと、やれ脂を引いて、それから肉を入れて、それから割り下を入れる、だとか、いやそうじゃない、肉に砂糖をまぶしてから醬油だ、肉としらたきは離せ、とか、いろいろうるさいことになる。

当然、鍋奉行が登場することになる。

おでんだって、まず大根を食べてみてその店の味の傾向をさぐれ、だとか、じゃが芋は少し煮くずれたところがおいしい、とか、いや煮くずれたのはダメ、とか、誰もが何か一言ぐらいは発言することがある。

「水炊きについて何か一言言え」

と言われて、何か一言言えますか。

何か一言言ってごらんなさい。

「ホーラ、何も言えんでしょうが。鍋奉行だって、水炊きを前にしては何も言えない。言うことがない。黙っている。

黙っている鍋奉行なんて聞いたことがない。

水炊きって、ホラ、みんなの関心をあんまり引かない鍋物だからじゃないの、と言う人もいるかもしれない。

水炊きはマイナーな鍋物なのかというとそんなことはない。

スーパーに行けば、肉売り場には「水炊き用」と銘打った鶏肉のブツ切りパックがたくさん並んでいる。

各家庭では、しょっちゅうとは言わないまでも、ときどき水炊きが取り行われているはずだ。

そういう、語られることの少ない水炊きについて、いまぼくは多くのことを語ろうとしている。

ぼくにとっては、水炊きは語ることの多い鍋物なのだ。

まず何から語ろうか。

水炊きは熱い。

まずこのことから語り始めたい。

あたりまえだッ、そんなことは、と、いま大声で叫んだ人はあとで後悔することになる。

そもそも水炊きとはどういう鍋物なのか。

そのことについても語っておきたい。

料理の本を見ると、水炊きは文字どおり水炊きで、お湯の中に鶏のブツ切り肉を入れ、煮えたらポン酢で食べることになっている。

実にもう単純この上ない鍋物で、あとは鍋物によく使われる野菜などを入れればよい。

白菜とかしいたけとか春菊とか、豆腐などを入れればよい。

料理本によっては、「水ではなく、鶏ガラでとったスープで炊くともっとおいしくなる」と書いてある。
いずれにしても味つけはポン酢である。
すきやきもおでんも、ツユの作製に秘伝があったりするが、水炊きは味つけに関しては
ポン酢に〝丸投げ〟だ。

水炊きが単純この上ない食べ物なのに、スーパーに専門パックが並べられるほどの人気がある秘密は何か。

「葉隠」は、「武士道とは死ぬことと見つけたり」と書いたが、ぼくは「水炊きは塊の大きさと見つけたり」と書きたい。

そして、「その塊の熱さと見つけたり」とも書き添えたい。

とりあえず、グツグツと煮えている鍋の中から鶏肉の塊を一つ、箸で取り上げてみましょう。

どうです、ズッシリと重いでしょう。

すきやきの肉やしゃぶしゃぶの肉を取り上げたときの重さとまるで違うでしょう。

そしてそれは、熱い湯に濡れているでしょう。
そうなのです、そのときの水炊きの肉の塊はあの大きさでなければならず、熱くなければならず、熱い湯で濡れていなければならず、塊の表面は熱でゆるんだ軟らかな皮で覆われていなければならない。
その塊を口に持っていったとき、唇と歯はその大きさと熱さを予感しなければならず、その予感に少し怯えなければならず、怯えたのちアグと噛みしめれば、歯は塊の中にグニュと入っていかなければならず、グニュのあとムシャと噛めば、ああ、いま噛んだこの肉は胸肉ではなくモモ肉であったのだな、だからこのような弾力があって、このような味の肉汁が口の中にあふれるのだな、と、思いつつ喜ばなければならず、これだけの〝ねばならず〟を構成している要因は、すべて肉の塊の大きさにあるのだな、もし、この肉の塊が、この半分の大きさだったら、とてもこれだけの〝ねばならず〟は生まれなかったわけなのだな、そして、この〝ねばならず〟の一つ一つが、水炊きの魅力の一つ一つなのだな、と納得していただけるわけなのです。
かくして水炊きの真実は明らかとなった。

肉の大きさにその魅力の秘密があった。

この功績は誰によるものなのか。

それは、鶏肉をこの大きさに切り分けている人の功績ということになる。

近年、鶏肉の味はどんどんよくなってきている。

様々な地鶏や軍鶏《シャモ》など、それぞれ味わいが違いそれぞれおいしい。

こういう地鶏で作る水炊きはおいしい。

ラーメンのスープは鶏ガラでダシをとることが多い。

それにヒントを得て、市販のラーメンスープでスープを作り、これをたっぷり鍋にはって〝ラーメンスープ水炊き〟を作り、ポン酢にはつけずに食べたところ、いやもう、うみゃーてうみゃーて、辛抱たまらんかったがや。

豆腐丸ごと一丁丼

ニンマリ系の丼というものがある。

見ただけで思わずニンマリしてしまう丼。

丼物はおしなべて、フタを取って一瞥《いちべつ》すると大抵の人はニンマリする。

親子丼の鶏肉が黄色い卵にまみれて湯気を上げ、そこに三つ葉の緑が見えたりするとニンマリする。

天丼のエビ天のコロモが天つゆの色に染まってほとびているのを見てニンマリする。

鰻丼の鰻が飴色にふっくら焼き上がってタレで光っているのを見て、けしからん、許さん、と怒り出す人はいない。

どの丼にもニンマリするのだが、中でもニンマリ度の高い丼をつい最近発見したのである。

雑誌のグラビアで初めてその丼を見たとき、ニンマリが止まらなかった。

グルメ雑誌の丼物特集のグラビアで紹介されていたのだが、これまで見たことも聞いた

こともない丼だった。

　異様であり、素朴であり、存在感があり、迫力があって、しかし見ているとつい笑ってしまうという丼。

　飴色に染まって、いかにもよう く味がしみ込んでいそうな丸々一丁の豆腐が、ずしんと丼のゴハンの上にのっかっている。

　ただそれだけの丼なのだが、〝ただそれだけ〟というところがおかしい。

　なにしろかなり大きめの豆腐が丸ごと一丁であるから、豆腐の一部は丼からはみ出して垂れ下がっている。

〝はみ出している〟というところもおかしいが〝それをかまわぬ〟としているところもおかしい。

大きな豆腐一丁はそれだけでもかなりの重量だが、それがたっぷりの煮汁を含んでのっかっているわけだから、のっかられるほうはたまったものではない。

豆腐の間からわずかに見えるゴハンが、重いよー、と言っているのがよくわかる。

丼にゴハンを盛ったとき、平らにならさず、右側が高く、左側を低く盛ったらしく、上にのっかった豆腐もその斜面どおりに左側にずり下がっているところがおかしい。

この丼は、おでんで有名な「お多幸本店」の名物料理で、もう四十年も前から人気のメニューなのだそうだ。値段はなんと370円。

「喉が渇くほど甘じょっぱいおでんのつゆが、淡白な特注の木綿豆腐と好相性。喉ごしの良さゆえか、硬めに炊かれた茶飯と一緒になると恐ろしいほど食べ進んでしまう」

と、グラビアの横に説明がある。

「つゆだくの状態のうちに急いでかっこもう」

とも書いてある。

そのグラビアの写真が旨そうで旨そうで、急いでかっこもう、なんて言われなくても急いでかっこみたくなる。

「お多幸」に出かけて行く時間も惜しい。

ただちに制作にとりかかった。

木綿豆腐を買ってくる。喉が渇くほど甘じょっぱいというし色も濃く煮上がっている写真を参考に、普通のおでん汁ではなく蕎麦つゆを買ってくる。

おっとっと
とか言いながら豆腐を丼に移そうとしている白石さん（62歳）

　蕎麦つゆに砂糖や調味料を足したりして、かなりしょっぱめの煮汁を作る。

　この丼は、豆腐丸ごと一丁というところにその存在理由があるわけだから、寸分たりとも崩してはならない。

　豆腐が角切りであったり、麻婆豆腐のように煮崩れていては、見た目も面白くないし味も違ってくるはずだ。

　煮上がって豆腐を取り出すとき、崩さないためにフライ返しのようなものを差し込まなければならない。

　そのためには豆腐よりひとまわり大きな鍋を用いなければならない。

　煮物の味は、火を止めて温度が下がっていくときにしみ込むから、十分煮ては火を止めて温度を下げ、また火をつけては冷ますということを五回ほどくり返し、ついに豆腐は全体が飴色に染まった。

　丼にゴハンを盛る。豆腐がずり下がらないように平らに盛る。

「お多幸」のは茶飯だが、ふつうのゴハンで、その分つゆだくにするつもりだ。

　鍋からフライ返しを使って丸ごと一丁の豆腐をずりずりとゴハンの上にのせる。

　完成。盛んに湯気が上がっている。うーむ、いい匂い。うーむ、豆腐一丁丸ごとの迫力がすごい。

　ゴハンの上に豆腐一丁をのせただけ、という素朴さがいい。

「あいつはいい奴だ」という表現があるが、「こいつはいい丼だ」と思う。好感がもてる、というやつですね。

では、と箸をとる。

丼物は、ゴハンより具が多いものはない。ゴハンよりかつが多いかつ丼はないし、鮪のほうが多い鉄火丼はない。

豆腐一丁丼は明らかにゴハンより具が圧倒的に多い。

そして丼がやたらに重い。

豆腐一丁丼は、丼界で一番重い丼なのではないか。

崩さぬように崩さぬように仕上げたゆえに、いざ突き崩すとき、かなりのためらいがあった。

豆腐の表面と中心では味の濃さが違う。濃いところとゴハン、味の薄いところとゴハン、薄いところとつゆだくのゴハン、というふうに様々なバリエーションが楽しめ、豆腐と煮汁とゴハンという種も仕掛けもない料理なのに、まさに、次から次にかっこまないではいられない旨さであった。

煮っころがしの夜

料理の本をパラパラとめくっていたら里芋の煮っころがしに出会った。

「オッ、煮っころがし」と、そこでめくる手が止まった。

小鉢にこんもり六個、大小さまざま、形さまざま。

色は飴色。肌つやつや。

ネバーっとしとって、ネチーっとしとって、旨そう。

こんもりの一番上のやつを、こう箸で挟んでつまみあげようとすると、ヌルーっとすべって落っこちるんだよね、そこで今度はかなり慎重に挟んで持ちあげるんだけどまたヌルーっとすべり落ちるんだよね、そこで今度は方針を変えて突き刺し作戦に出るんだよね、目標の芋を決めて、そいつのどまん中のところに狙いを定めて、エイッとばかりに突き刺し、やれやれなんて思っていると、箸が細い塗り箸だったりするとまたしてもヌルッと落っこちるんだよね、などと食い入るように見つめているうちに猛烈に里芋の煮っころがしが食べたくなってきた。

里芋の煮っころがしはどこへ行けば食べられるのか。

コンニャクが猛烈に食べたくなった場合は（そういう場合はあまり考えられないが）おでん屋に行けばいい。

いろいろ考えたが、結局、自分で作って食べるのが一番手っとり早い。

自分で作るといっても、これまで一度も挑戦したことがないし、それに相当な技術を必要とする料理のような気がする。

とりあえずスーパーに行って泥つきの里芋を買って

くる。

ビニール袋に七個入っていて二九八円。

料理の本を広げて煮っころがしのところを見る。

この本では「煮っころがし」ではなく「煮ころがし」になっている。「まず皮を剝く」とある。

一つ袋から取り出す。

土がついている。

「あ、土だ」

とヘンなところに感動する。

湿った土の感触。湿った土の匂い。

都会の生活では、土は里芋を介して接触することになる。

里芋にはモジャモジャしたヒゲみたいなものが湿った土といっしょにからまっていて、いかにも土の中にうずくまっていました、土の中でじーっと動かずにいました、というイメージがある。

同じ土仲間のじゃが芋やさつま芋には、

「いや、われわれはときどきモゾモゾって動いたりするよ」

と言いそうな気配があるが、里芋はあくまで不動、寡黙、隠然。

丸いの、細長いの、ラッキョウ形と、一つ一つ形に個性がある。

七つ剝き終わってまた料理本を見る。

初めての料理は〝その都度読み〟に限る。

そのほうが（ほう、今度はこういうことをするのか）という新鮮味がある。

「水から煮る」とある。

昆布を入れて煮る。二十分ぐらい煮る。竹串を刺してみる。煮えてる。

「砂糖と味醂を入れて五、六分煮る」

「醬油を入れてさらに煮る」

コツコツと揺れながら、鍋の中の里芋たちに少しずつ色がついてくる。

だんだん煮つまってきて煮汁が少なくなってきたら、鍋をゆすって芋たちをころがしては煮汁をすくって上からかけてやる。

この〝煮汁をすくって一人ずつにかけてやる〟と

いうところがこの料理の印象深いところだ。

かけてやっているうちに、一人一人に愛情がわいてくる。

一人一人に思い出がある。

この子は剝くとき手がすべって指を切りそうになったんだよね、この子はお尻のところがちょっと傷んでいて、そこのところをけずりとってやったんだよね……。

だんだん生徒七人の分教場の先生のような心境になっていく。

みんないい味になってほしい。

みんな良い子に育つんだよ。

善導、などという言葉がふと頭に浮かぶ。

しかし、と考える。

一つの集団を全員一つの方向に染めあげてしまうのはいかがなものか。

一人一人の個性を大事にするという方向もあるのだ。

個性を許さないというやり方は社会をゆがめることになるのではないか。

一人一人に煮汁をかけてやりながら、また、しかし、と考える。

このやり方で一人一人に個性を発揮させることができるのだろうか。

時間をかけて煮る煮物料理にはこういう良さがある。

鍋の中で煮えているものをじっと見つめているひととき。

鍋の中の芋たちをころがしながらふける思索。

里芋の煮っころがしは、まさに物思う秋にぴったりの煮物ではないか。

などと深い思索にふけっているうちに、煮汁はどんどん少なくなっていってトロトロになる。

醬油と砂糖と昆布の煮物のいい匂いが秋の台所にたちこめる。

ついに煮汁がなくなって料理完了。

時間はかかったが思ったより簡単な料理だった。

一人一人に煮汁をかけてやるというところが特によかった。

七個、という数もよかった。

もし三十個だったりしたら大忙しで、思索にふけるどころではなかったと思う。

味のほうも初めてにしてはとてもおいしく、有意義な秋の夜だったとしみじみ思ったことでした。

山菜の喜び

薇《ぜんまい》、独活《うど》、蕨《わらび》、野蒜《のびる》、蓬《よもぎ》、蕗《ふき》の薹《とう》、楤《たら》の芽。

ふだん、ゼンマイだ、ウドだ、ワラビだ、と、軽々しく呼んでいた連中が、実はこうしたむずかしい漢字の持ち主だったと知って、なんだか急に尊敬の念がわいてきたのではありませんか。

もう一度、むずかしい漢字のつらなりを眺めてください。

なんかこう、ただごとでない雰囲気、ものものしい雰囲気、野武士の集団が、がさごそうごめいているような雰囲気を、ぼくなんか感じますね。

それと、日本の古代を感じますね。

毎年、いまの季節になると、八百屋やスーパーの野菜コーナーの一角に「山菜コーナー」が出現する。

その一角は、他の野菜たちと違った雰囲気がある。

まず形がみな異様である。

このオバチャンも
「キャラブキでゴハン」が
好きらしいが
ぼくも
好きです

ヘンな形をしているわけですね。

薇君なんか、とても素直なヒトには見えない。

蕨君も、ひとくせもふたくせもありそうだ。

どこかいじけた感じ、つらい風雪を耐え忍んできた結果、このような形になりましたという感じがある。

山菜コーナーの雰囲気は決して明るくない。

むしろ暗い感じがする。

なのに、人々は山菜コーナーの前で立ち止まる。

「あら、ワラビがもう出た

わ」

とか、

「ウーム、タラの芽。天ぷらにして塩で食べると旨いんだよね」

などと言いつつ、結局買わないのだが何か一言感想を述べたがる。

野菜に季節感が失われ、野菜売り場の店頭は一年中同じ風景になっているなかで、突然の山菜コーナーの出現は新鮮だ。

だけど、よく考えてみると、山菜だって実は一年中ある。

デパ地下などでは、お赤飯、炊きこみごはんのコーナーで、一年中「山菜おこわ」を売っている。

立ち食いそば屋では、「山菜そば」が一年中幅を利かせている。

韓国料理の店では、ナムルのゼンマイをしょっちゅう食べている。

そういうことをいっさい忘れて、人々は山菜コーナーの前で立ち止まる。

これは多分、日本人の血の中に〝山菜ＤＮＡ〟が刷りこまれているからだと思う。

それが、山菜に懐かしさを覚えさせるのだ。

だって、日本人の先祖をずうっとたどって貝塚の時代あたりまでいけば、彼らは拾い食い生活をしていたわけだから。

木の実とか貝とか、落っこっているもの、動かないでいるものを拾って食べていたわけだから。

そのへんに生えている草なんかもむしって食べていたわけだから。

つまり、毎日が山菜採りだったわけだから。

こんなふうな扱いをうけてワラビは嬉しいのか悲しいのか

そのころの血がいまも騒ぐ。

山菜を目のあたりにするとどうしても騒ぐ。

よく考えてみると、山菜はそれほどの美味ではない。

味を強く主張するものでもない。

わずかな苦味、わずかなえぐみ、わずかな野原の匂い、わずかな土の匂い、そうした〝わずか〟に、日本人の山菜DNAが呼びさまされ、血が騒ぐのだ。

ぼくなんか、生の山ウドに味噌をつけてかじったときなど、明らかに自分の血が騒いでいるのを感じますね。

ノビルの味噌汁も春の香り

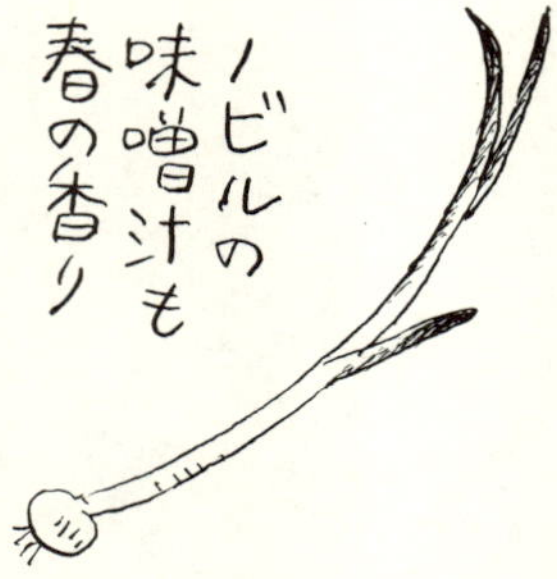

日本の古代に、自分がスッと入っていくような気がしますね。

山菜採りをしたことがありますか。

それはもう楽しいものですよ。

まず発見の喜びがある。

「あった」の喜びである。

ワラビを探して山に入る。

山道を登り、枝を払い、草を分け、少しなだらかな斜面に出る。

ワラビはないか、このへんにないか、もしかしてそっちの藪の陰のあたりにないか。

あった。

高さ十五センチぐらいの、ちょっと太めでちょうどいまが採りごろのワラビが一本、にょっきと立っている。

急いで駆け寄ると、そのすぐ数メートル先に更に二本、おお、その右のほうに更に三本、なんと、更にその先に四本、もう半狂乱、全身の血が逆流するような気がする。

何でしょうね、あの喜びは。

こんなもの、八百屋に行けば一束二百円でいくらでも売っている。

やっぱり先祖の血が、いま自分の体の中で騒いでいるのだ。

ご先祖様が狂喜しているのだ。

発見だけでこれだけの喜びがあるのに、更にそれを折り取る喜びがある。

ワラビの根元のほうに手をやり、大切に、いとしくてたまらぬように、もうこれはオレのもんなんだかんな、あそこにあるあの三本も、そっちの四本も、みんなみんなオレのもんなんだかんな、誰にもやんないんだかんな、と、満面の喜びと、得意と、誇りと、恍惚と、満足にうちふるえながら折り取る。

そんなもの、八百屋で二百円で売ってるって。

などとそのとき考える人はいない。

そうして次から次へと折り取っていけば、ワラビはもはや手に握りきれず、背中のリュックに移し替えなければならぬ。

次から次へとリュックに移し替えていくときの喜び。

この喜びは自分の喜びではない。

ご先祖様が喜んでいるのだ。

納豆は納豆日和に

「ティファニーで朝食を」
という映画があった。
「吉野家で朝食を」
という映画はない。
これまでになかったし、これから先も作られることはないであろう。
映画にするには地味過ぎる、というのがその理由だと思う。
だが個人的に実行することは可能である。
しかも主人公として実行できる。
自分自身がこの行為の実行者であるから、当然この話の主人公ということになる。
しかもはまり役だ。
幸いなことに、吉野家には朝食の制度がある。
朝の4時から11時までこの制度を利用できる。

制度の内容は「納豆定食」「焼魚定食」「ハムエッグ納豆定食」など全8種。

朝食というものは、おしなべて家で摂ることが多いが、この場合は外食ということになる。

外食というものは、おしなべて華やかであることが多いが、地味な外食の代表として吉野家は存在する。

「吉野家で定食を」じゃなかった「吉野家で朝食を」と思い立った。

吉野家での朝食となれば、それはもう断然「納豆定食」でなければならない。

納豆定食は吉野家の朝食のはまり役なのだ。

誰もが、

「ンダ、ンダ」

と納得してくれると思う。

爽やかな5月、風薫《かお》る5月、吉野家へ出かけて行った。

時刻は8時半、空晴れわたって薫風頬に心地よく、まさに納豆日和。

この日の朝食を晴れがましい行事に持っていきたい、そういう気分であった。

吉野家特有のコの字型カウンターの一角に座る。

晴れやかに「納豆定食を」と告げる。わずか1分足らずで納豆定食到着。

納豆定食はわずか370円なのに全6品。

「納豆」「生卵」「焼き海苔」「ゴハン」「味噌汁」「漬け物」

一品わずか62円。

吉野家特有の横になっている箸箱から計2本の箸を取り出し、「では」と身構えてからハタと気がついた。

納豆定食を食べ始める前に、これから成し遂げなければならない数々の仕事に気づいたのである。
①納豆の攪拌《かくはん》

②生卵の破砕及び混合
③焼き海苔の袋の開封及び摘出

ごく普通の外食だったら、たとえばカレーライスだったら、注文品到着、即、摂食開始ということになるのだが、納豆定食はそうはいかない。

悩むべき仕事は更にもう一つあった。

納豆の
小袋は
老人にとって
深刻な
問題である
辛子の
小袋

　①②③の順序であった。
たまたま①②③と書いたが、②③①でもいいわけだし、③①②でもいいわけだ。

　そんなに深く悩んだわけではないが咄嗟《とっさ》には迷った。

　結局、①②③の順序になったのだが、納豆は発泡スチロールの容器に入っているから、攪拌の前にこれの開封を試みなければならない。

　発泡スチロールのフタはかなり強力に密着されていて、無理にはがそうとするとビリビリと破れる。

　かなりの難儀ののち、ようやくフタをはがすと次の難儀が待ちうけているのだった。

味付け海苔
味付け海苔もまた
様々に問題がある

タレの小袋と辛子の小袋である。

これがまあ大変な難儀で、まして老眼の身の上、切り口を探して小袋をタテにしたり、ヨコにしたり、ひしぎ出して指先を汚したり、拭いたり……。

各納豆会社に告ぐ。

これら小袋問題の改善をこれまで試みた会社はあるのか。

かくも苦しんでいる全国民の声は各納豆会社に届いているのか。

せっかくこの朝食を晴れがましい行事にしようとしているのに、初っ端《しょぱな》からこの体たらくではこの先が思いやられる。

と思ったその矢先、こんどは焼き海苔問題が発生する。

焼き海苔の袋をタテに破こうとすると、中の海苔までいっしょにタテに破れてしまう。

その海苔を宥《なだ》めつつ、機嫌をとりつつようやく袋から脱出させる。

各焼き海苔会社に告ぐ。

もう、いいか。

納豆定食到着からすでに2分、いまだ事前業務に没頭中。

やがて事前業務すべて完了。

と、ここでまた考えた。

その都度でもよかったのではないか。

焼き海苔を食べようと思った時点で焼き海苔の袋を取り上げる。

納豆を食べようと思った時点で納豆の容器を取り上げる。

何も最初に全品のスタンバイをしておかなくてもよかったのではないか。

苦笑いしつつ食事開始。一口目は納豆で。うん、やっぱりスタンバイさせておいてよかった。

このように、食べようと思ったときにスッと食べることができる。

もしスタンバイさせておかなかったら、今この時点で納豆の容器を取り上げ、フタと格闘し、小袋二つと格闘しなければならなかったわけだから。

うん、よかった。

うん、明るく考えよう。

ここから先は、この朝食を晴れがましい行事の方向に持っていこう。

何しろ外は納豆日和。

納豆日和の当日に、こうして納豆に接し、交われたことだけでもありがたいことだと思うことにしよう。

カラスミを作ろう

今回は「料理教室風」になります。

この「なります」は、レストランのおねえさんが、「こちら、スパゲティ・ナポリタンになります」の「なります」と同じ「なります」になります。

雑誌などの料理記事では、料理人や料理研究家が、「○○の作り方」を教えることになりますが、今回はぼくがその役をやることになります。

作りますものは「簡単カラスミ」。

カラスミといえば、日本珍味界の帝王と言われ、値段高いよ、と言われ、言われた人は恐れおののきながら、いくらぐらいすんの、と訊けば、タラコぐらいの大きさのものが一本八千円と言われ、言われた人はすぐ牛丼の値段と比べ、牛丼に換算すると、エート、と言いながら計算し、約27杯分とわかり、急に怒り出す、と言われている超高級食材ということになります。

怒った人は当然、そんなものの作り方は教えてくれなくていい、と思うでしょうが、ちょっと待ってください。

いまからこの料理教室でお教えしようとしているカラスミは一本二百円で作れます。

しかも、このカラスミはびっくりするほどおいしい。

一本八千円のカラスミより、一本二百円のカラスミのほうがずっとおいしい、と言う人もいて、その人とは当然ぼくのことで、ビールに合い、酒に合い、ゴハンに合う。

この一本二百円のカラスミの作り方は、ぼくの知り合いの寿司屋の親方に教えてもらったものなので、プロも保証する味、ということになります。

本物のカラスミはボラの卵巣で作るが、こっちは、そのへんで売っているタラコで作る。なにしろ一本二百円のカラスミなので、別名、貧乏人のカラスミ、と言われており、人によっては、プアマンズ・カラスミ、と言う人もいて、この場合は、プアマンズ・カラスーミというふうに発音することになります。

しかもこのプアマンズ・カラスーミは作り方が超簡単。

本物のほうは、ものすごく手間ひまがかかる。

まず、ボラの卵巣を一週間塩漬けにする。次に、この一週間漬けたものを水に二時間漬けて塩抜きをする。それを日本酒に一週間漬け込む。

漬け込んだものを、一週間、形を整えながら天日干しにしてようやく完成。

つまり材料そのものが高い上に手間ひまがかかっている。

だから、高いよ、ということになって、帝王になるわけだが、わがプアマンズ・カラスーミは、手間ひま一切なし。

買ってきたタラコを干すだけ。

なにしろタラコであるから、すでに塩で味がついているわけで塩漬けの必要はないし、塩抜きの手間も要らない。干す、に至る手間ひまは全部済ませてある。

では、ここから「料理教室風」になります。

材料〔一人分〕　A（タラコ一本）

調味料　なし

調理用具　なし

下ごしらえ　なし

材料　A（タラコ）と書いたのは、ホラ、料理教室だと「材料Aに塩と胡椒を軽く振り、それをBと混ぜ合わせて火にかけ……」などというレシピが出てきますよね、あれを真似てみたかっただけで、他意はありません。

ここで突然告白しますが、手間ひまはかからないが時間はかかります。

一週間かかります。

時間がかかることをここまで伏せておいたのは、

そのことが知れると料理教室の生徒が減ることを恐れたからで、他意はありません。

でも、その間にやることといえばときどき引っくり返すだけ。一日に、二〜三回引っくり返すだけでいいので手間ひまはとらせません。

本当は三〜四回引っくり返したほうがいいのだが、そのことが知れると生徒が減っちゃうのを恐れただけ。

そうそう、とても大事なことを書き忘れていた。

ボラの卵巣は「天日干し」らしいのだが、わが方《ほう》のは陰干しのほうがいいようだ。

一度、天日干しにしてみたら、カサブタ状のものがいくつか出来、そこのところは少し硬くなって食感がよくなかった。

陰干しは風通しがとても大切なので、皿ではなくザルを使いたい。

この料理教室の最初のところで、調理用具　なし、とあったのに、なんだ、ザルが要るじゃないか、とお思いの方もいらっしゃると思うが、そのあたりも生徒数への微妙な配慮ということで、気をつかっていただけるとありがたいです。

一週間かかるわけだが、その寿司屋の親方が言うには、

「ナーニ、陰干しなんかしなくても、一週間、冷蔵庫に入れっぱなしでもけっこう乾くよ。で、思い出したときに上下引っくり返すだけでも大丈夫」

と、いうことでした（ここで生徒数回復）。

一週間のまん中あたりでちょっと切り取って食べるとこれが旨い。

〝タラコの干物〟という味で、ねっとりとおいしい。

そうそう、ときどき指で押して平らにならす、というのも大切。

完成品は塩気ちょうどよく、塩辛のような発酵臭もややあり、まさにカラスミ以上。

タラコでカラスミが出来るのならメンタイコでもいけるのではないか。誰しもそう思うはずだがもちろん出来ます。

〝辛いカラスミ〟、たまらんです。

脂身食いたい

人は誰でも人に言えない秘密の一つや二つ、いや三つや四つ、いや一〇〇や二〇〇は持っている。

人生の一大事とか、人に話したらたちまち絶交とか、そういうたぐいの秘密ではなく、もう本当に些細な、どうってことない、秘密ともいえないような秘密で、だったら今すぐにでも誰かに打ちあけたらいいじゃないか、と人は思うかもしれないが、でもどうしても言えない、などとしきりに言いよどんでいるが、早い話、肉の脂身が好き、ということなのです。

このことは本当に人に言いにくい。

言ってもわかってもらえないし、言えば軽蔑されるし、でも言いたい、告白したい、という この気持ち、自分でもよくわかりません。

以下、告白します。

牛肉の脂身、豚肉の脂身、鴨南蛮の鴨肉の脂身、チャーシューの脂身、ベーコンの脂身、

ああ、何て彼らは魅力に満ちていることでありましょう。

世の中にはたくさんいるはずなんです、こういう脂身が好きな人は。

いないはずがないっ（と、急に語気を強める）。

だけど彼らは、そのことを決して口にすることなく、口を拭ってひっそりと暮らしている。

なぜ彼らは口を拭って暮らしているのか。

やっぱり世間の謗《そし》りが恐いんでしょうね。

脂身が好きな人すなわち下品な人、趣味がよくない人、下等な人、卑しい人、人相がよくない人、鼻が低い人、という評価が世間にはある。

たとえば会社員の場合。

会社の上役は部下の評価表を書く。

そのとき、部下の評価の「趣味、嗜好」の欄に「肉の脂身を好む」と書かれたら、その部下の出世はもはや望めなくなる。

やっぱり、脂身が好き、ということは世間のタブーなんだろうなあ。

若い人同士の、

「脂身おいしいんだよね」

という会話は、まあ許されるが、老人同士で、

「脂身おいしいんだよね」

という会話は気持ちわるがられるだけなのだ。

でもぼくは決然と言い放ちます、脂身大好き、と。

ステーキで考えてみましょう。

ステーキの大半は肉で、その周辺というか端っこのところにほんの少し脂身が付いている。

世間一般の人にとっては、この脂身は非難の対象となる。
あってはならないものとして、すぐに切り取る人もいる。
だがぼくにとっては、その脂身は慈愛の対象となる。
いつくしみ愛するものとして大切に大事に扱う。

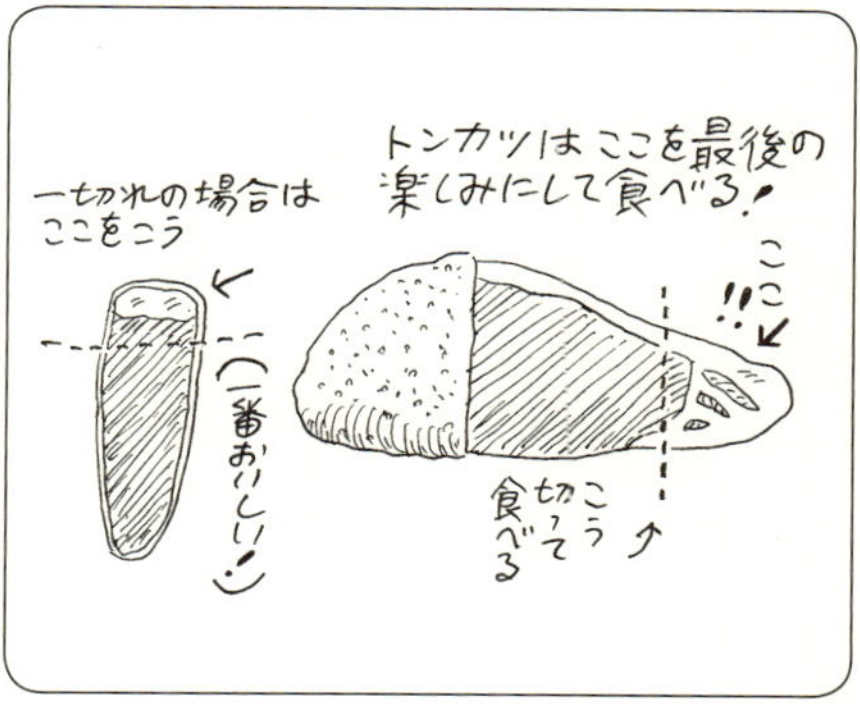
トンカツはここを最後の楽しみにして食べる！
ここ!!
こう切って食べる
一切れの場合はここをこう
(一番おいしい!)

ステーキの脂身は、肉の上辺および右端に付いている場合が多い。
その配置を常に頭に入れながら、肉と脂身の配分を常に考慮しながら切り取っていく。
ステーキ全体としては肉の量が圧倒的に多く脂身は少ない。
肉というものは、いくらかの脂身と合わさってこそおいしい。
だから量の少ない脂身こそ大切にされなければならないのだ。
世間には尊肉卑脂の思想がはびこっているが、あれはおかしい。

世間の人たちはなぜ脂身のおいしさを味わおうとしないのか。

基本にあるのはダイエットだと思う。ただそのことだけで避けているのではないか。

味覚は、甘味、塩味、酸味、苦味、うま味に分類されるが、最近、アメリカの大学の研究者が、数々の実験によって、それに脂味《あぶらみ》というものを加えたという。

ホレ見ろ。

そういうものがもともとあったのだ。

ダイエットという問題さえ解決できれば、人々は脂身の魅力を再発見することになるのだ。

マグロのトロがそうだった。

マグロのトロは、江戸時代は捨てられていたのに、いまや時代の寵児となった。

これから〝肉のトロ〟の時代がくるのだ。

さっきの「肉の脂身を好む」部下は、たちまち重役候補になるのだ。

これまで口を拭ってひっそり暮らしていた隠れキリシタンならぬ隠れ脂身好きはいっせ

いに蜂起し、老いも若きも脂身のおいしさを口々に語り始める。

「杉作、脂身の夜明けは近いぞ」（わからない人はわからないでいいからね）

ついさっき、この文章の中で脂身の種類をいくつか書きましたよね、牛肉の脂身とか鴨肉の脂身とかチャーシューとかベーコンとか。

あの中で、ぼくが一番挙げたかったのに書けなかった脂身があります。

それは、すき焼きのとき、最初に鍋にこすりつける脂の塊。

消しゴムぐらいの大きさで、白くて表面がぬめぬめと光っていて、全域脂、脂なきところなしという牛脂の塊。あれを熱い鍋底に押しつけてジュージュー言わせ、白かった全体が少しずつ透明になっていってついにうっすらと焦げ目がついたやつ。仲居さんが取りしきっている店だと、それをポイと捨てちゃうやつ。

それを見て、思わず「アッ」と腰を浮かしちゃうやつ。

思わず「それ、ちょうだい」と言いそうになるやつ。

あの夢の塊を何のためらいもなく、堂々と、威厳をそこねることなく、「それをくださ い」と言える時代がやがてくるのです。

目玉焼きかけご飯

いまブームの卵かけご飯を、またもや作って食べていてふと思った。

卵かけご飯がこれだけおいしいのだから、目玉焼きかけご飯もおいしいのではないか。

いや、だめ、それはおいしくないに決まってる、やめなさい、そんなの、という声がぼくには聞こえてくる。

まあ聞きなさい。

簡単ご飯の古典にバター醤油かけご飯というものがありますね。

なにしろ古典として残っているくらいだから、これがまためっぽうおいしい。

わが想定の目玉焼きかけご飯の目玉焼きは、バターで焼くのです。

しかも、たっぷりのバターで焼くのです。

おおっ、と、思わず身を乗り出してきましたね。

そうなのです。

単なる目玉焼きかけご飯ではなく、バター醤油かけご飯と、目玉焼きかけご飯の合併版

というわけなのです。

この合併がおいしくないわけがない。

思いついて試行錯誤することいくたび、夢のような目玉焼きかけご飯が完成したのです。

目玉焼きをどのくらいの硬さにするか、ここが大きなポイントです。

ラーメンの名店などによく入っている半熟の、箸で突くと破れてドロリと流れ出すあの硬さ……よりもうちょっと軟らかめ、これに決まりました。

弱火で熱したフライパンにたっぷりのバターを入れる。大さじ山盛り一杯。

すぐに卵をジュッと落とす。

目玉焼きだから当然二個。

熱すること1分30秒。

炊きたてほかほかのご飯の上にフライパンからスルリと載せる。

そしていいですか、ここがポイントなのですが、スルリの上にもう一度バターを載せる。大きさは1センチ角ぐらい。

バターは熱すると香りが飛んでしまうので改めてバターの香りを楽しもうというわけです。

そのバターが溶けたところでその上からお醤油をタラタラタラ。できたら卵かけご飯専用のお醤油がいい。

これで完成です。さあ、やっちゃってください。

卵かけご飯の場合は、黄身と白身が入り混じったものをおかずとして、いきなりズルズルとすすりこむことになるわけだが、目玉焼きの場合は黄身と白身がまだ別々になっている。

つまり、卵かけご飯の場合はおかずは一つだが「目玉焼き……」のほうは二種類のおかずがあることになる。

さあ、どっちからいったらいいか。

ま、楽しく迷ってください。

ぼくの場合はこうなりました。

わたしは丼で食べたい
目玉焼き丼として食べたり

まずドロリとした白身とバターと醤油の、わりとさっぱりした味を味わい、次に黄身とバターと醤油の味に移り、最後は両者混合の味を楽しむ。

やはり一番おいしかったのは黄身で、もうね、あれです、ねっとりの極致、半熟のドロリとした黄身が、バターと醤油を伴ってねっとりと舌にからみつく、というか、ねとりつくというか、べたつくというのとも違い、まとわりつく、というのとも違って、舌の味蕾《みらい》と味蕾の間にぬめりこむ、といったらいいのか、うん、そう、あれです、舌と黄身の濃厚なキッス。

黄身が舌に抱きつき、舌が黄身を吸いよせる。

半熟卵の黄身と舌は相思相愛だったんですね。

卵かけご飯にマヨネーズは合いません
キッパリ

その相思相愛を、うんうん、許す、もっとハゲしくてもいいよ、と味わっているひとときというものは、もう、たまらんです。

卵かけご飯の場合は、せっかく炊きたての熱々ご飯を用意しても、生卵は冷たいからどうしてもご飯が冷えてしまう。

そこのところの解決策はないのだが、「目玉焼き……」のほうは両者が熱々の上に舌と黄身もアツアツの仲だから、その辺一帯の乱れぶりは、想像するだに恐ろしい。

卵かけご飯は醤油に限るが「目玉焼き……」のほうはどうなのか。

ふつう、目玉焼きはウスターソースで食べる。

目玉焼きとハムのハムエッグの場合は塩と胡椒《こしょう》ということになる。

いかにも両方とも「目玉焼き……」に合いそうな気がするが、やはり断然醤油です。

醤油以外は全く合いません。

というわけで、うっとりと幸せにひたりつつ目玉焼きかけご飯を食べていたのですが、

そのときまたしても、ふと、頭にひらめくものがあったのです。

そうして、目玉焼きかけご飯は、更なる発展を遂げることになったのです。

このとき目玉焼きかけご飯はもう一段階進化したのです。

いいですか、落ちついてくださいよ。

白身、黄身、両者混合と食べ進んでいったら、そこんとこへマヨネーズをちょこっと混ぜちゃってください。

そしたらそれをかっこんじゃってください。

わかってますよね、マヨネーズは卵でできているってことを。

相思相愛の舌と黄身が濃厚なシーンを演じているところへ、卵の大親分が乗りこんでいくんですよ。

もう、どうなったって知らんよ、わしは。

〈初出〉「週刊朝日」連載（1987年1月2日・9日合併号～）の
「あれも食いたい　これも食いたい」

東海林さだお しょうじ・さだお
1937年東京都生まれ。漫画家、エッセイスト。早稲田大学露文科中退。70年『タンマ君』『新漫画文学全集』で文藝春秋漫画賞、95年『ブタの丸かじり』で講談社エッセイ賞、97年菊池寛賞受賞。2000年紫綬褒章受章。01年『アサッテ君』で日本漫画家協会賞大賞受賞。11年旭日小綬章受章。

朝日新書
688

ひとりメシの極意《ごくい》

2018年10月30日第1刷発行
2018年12月10日第3刷発行

著者 東海林さだお

発行者 須田 剛
カバーデザイン アンスガー・フォルマー 田嶋佳子
印刷所 凸版印刷株式会社
発行所 朝日新聞出版
〒104-8011 東京都中央区築地5-3-2
電話 03-5541-8832（編集）
03-5540-7793（販売）

Published in Japan by Asahi Shimbun Publications Inc.
ISBN 978-4-02-273789-2
定価はカバーに表示してあります。

朝日新書

平成の重大事件
日本はどこで失敗したのか

猪瀬直樹
田原総一朗

たび重なる大震災、2度の政権交代で変わらなかった政治体質。少子化と反比例するように増え続けた国の借金――後退戦を続けた平成の30年間、いったいどこで失敗した? 日本のタブーに斬り込んできた二人が読み解く、平成の転換点とその未来。

朝日ぎらい
よりよい世界のためのリベラル進化論

橘　玲

なぜ戦後リベラリズムはかくも嫌われるのか。実は日本のリベラルは、世界の基準から大きく逸脱していた。若者が自民党を支持するワケからネトウヨの実態、リベラルの未来像まで、世界の大潮流から読み解くリベラル再生のための愛の劇薬処方箋。

すごい葬式
笑いで死を乗り越える

小向敦子

どうせなら笑って成仏しようじゃないか! 世界に先駆けた遅老遅死の老人国・日本には、死を「笑い」で乗り越える江戸以来の「粋な」葬送文化があった。その系譜を再構成し新しい葬儀の形を提案する。気鋭の老人学者の現代「死に方の哲学」。

漱石と朝日新聞

山口謠司

東京帝大講師から新聞記者に転じた夏目漱石。40歳、筆一本で立った漱石の言文一致体の近代小説と、正岡子規、上田萬年、池辺三山ら漱石を支えた人々の活躍と、大衆社会の形成とともに成長した朝日新聞のメディアビジネスをビビッドに描く。

地銀・信金　ダブル消滅

津田倫男

マイナス金利で収益が悪化し、地銀再編が待ったなしだ。しかし長崎で「県内1、2位連合」が公取に待ったをかけられるなど暗雲が漂う。地域金融機関は150程度に集約されるとする著者が、再編を実名付きで予想。新たに信金再編も解説。

中学の教科書から学ぶ

経済学サク分かり

菅原 晃

GDP、国債、円高・円安、デフレ・インフレなど、毎日のニュースで耳にする経済事象から最新の行動経済学まで、世界の動きを知るために必要な経済の知識を、中学・高校の教科書をもとに学び直す。一番シンプルに理解できる経済学入門。

テレビ最終戦争
世界のメディア界で何が起こっているか

大原通郎

「見たい番組がない」「面白くない」いまのテレビ。一方でAmazon、ネットフリックスが日本の放送業界をのみ込もうとしている。再生の道はあるのか？ 米国巨大メディア企業の動向を探りながら、〝メディアの王様〟テレビの未来を見通す。

人生は「声」で決まる

竹内一郎

声とは教養そのものである。声に気づけば、人間関係が潤う。私たちは話す内容より「声」で判断される――「非言語情報」の専門家である著者が、究極の自己財産である声の活用法について、テクニカルとメンタルな面から迫る。超実用的人生読本。

自動運転「戦場」ルポ
ウーバー、グーグル、日本勢――クルマの近未来

冷泉彰彦

クルマは電気と人工知能とで自動運転になり、人は運転から解放され居間にいる気分で移動でき、事故もない――そんな未来が本当に目の前まで来ているのか？ 欧米やアジアなどで展開する主導権バトルに追った核心ルポ。日本にも勝ち目はある。

池上彰の世界を知る学校

池上 彰

「世界のいま」を知るために、必要な部分だけ歴史を遡る。世界史を理解したいけど、膨大すぎてどこから手を着けていいかわからない。そんなあなたの助けになる一冊。激動する世界の「原点」を学び、国際ニュースがどんどんわかるようになる！

メールに使われる上司、エクセルで潰れる部下
利益生むホントの働き方改革

各務晶久

真の働き方改革は単なる時短ではない。じつは営業・事務職場はムダだらけ。上司とのメールのやりとり、エクセルの資料作り……やめるだけで信じられないほど利益が生まれる。大きな投資もAI化も不要、明日からできる目からウロコのオフィス革命の決定版。

漱石山脈
現代日本の礎を築いた「師弟愛」

長尾　剛

「生意気言うな。貴様は誰のおかげで、社会に顔出しが出来たと思うか」（内田百閒が記した弟子に激怒する漱石の言葉）。芥川龍之介・寺田寅彦・小宮豊隆・鈴木三重吉……熱心で純粋な若者たちを一途に愛した漱石と不肖の弟子25人。文壇史上稀にみる強い師弟愛のかたちを描く。

人生の結論

小池一夫

ツイッターフォロワー85万人！『子連れ狼』などの漫画原作者の大家がつづった珠玉の人生訓、完全書き下ろし。人との心地よい距離感の保ち方から、仕事の乗り切り方、愛、そして死のことまで、82歳になってやっとわかった成熟した大人になるということ。

病院のやめどき
「医療の自己決定」で快適人生

和田秀樹

「快適に生きる権利」を無視する病院に、あなたはいつまで通い続けるのか？　処方される薬は「日本人のためのエビデンスが疑わしい」という事実を知っているのか？　大事なのは「医療の自己決定」。ダメ医者の見つけ方など、医学界のタブーをすべて明かす！

50歳からの孤独入門

齋藤 孝

いよいよ「人生の後半戦」という覚悟を迫られる50歳。後悔の念や喪失の不安と、いかに折り合いをつけることができるか？ やがて訪れる「孤独」を、むしろ楽しむにはどうすればよいか？ 古今東西の賢者に学ぶ、齋藤流「後半生をよく生きるメソッド」！

1968年

中川右介

ちょうど50年前、1968年の日本は「昭和の青春」真っただ中。あしたのジョー、少年ジャンプ、黒部の太陽、花の首飾り……。世界の潮流に先駆けて、日本人の情念を変容させた「熱い1年」だ。大衆娯楽に焦点を当て、新世代のエネルギーの奔流を濃密に描く。

政権奪取論
強い野党の作り方

橋下 徹

野党が強くなければ、政権与党はやりたい放題で国民の声は政治に届かず、日本は良くならない。ではどうするか？ 「ふわっとした民意」をどうつかむか？ 「風」だのみでない強い組織をどう作るか？ 自称インテリには絶対語れない超・体験的政治原論。